Christian Frautschi

Schlaflos, Depressiv, Burnout

– Wie weiter?

Goldfeder-Verlag

kostenloser Download des Hörbuchs:
www.goldfeder.ch/download
Password: Burnout-24-7

Alle Rechte vorbehalten
Copyright © Goldfeder-Verlag
Internet: www.goldfeder.ch
E-Mail: info@goldfeder.ch
Satz: Lynn Johnson & Christian Frautschi
Herstellung: CPI books GmbH, D-89075 Ulm
1. Auflage 2019

Buch: ISBN 978-3-905882-24-7
E-Book: ISBN 978-3-905882-25-4
Hörbuch: ISBN 978-3-905882-26-1

Vorwort

Ach, es gibt doch schon so viele Ratgeber, sei es in Buchform, als YouTube-Video oder in tausenden von Schreibresultaten in Printmedien. Also sollten wir das ganze Übel doch endlich beseitigen können... Ja, schön wär's, aber die Realität der Erdbewohner sieht anders aus. Würde ich hier eine Zahl von prozentual Betroffenen niederschreiben, wäre sie morgen schon wieder out. Out, eben Burn-out, ausgebrannte Zahl, wie die stetig zunehmenden ausgebrannten Menschenseelen.

Nein, ich möchte dir, lieber Leser, nicht irgendwelche ultimativen Theorien vor deinen Augapfel legen oder via Hörbuch ins Ohr flüstern, sondern Ursachen hervorbringen, aufzeigen, die, samt eventuellen Lösungsvorschlägen, dir Auge, Ohr und Horizont öffnen könnten.

In meiner Arbeit mit weit über zehntausend Menschenseelen offenbaren sich ebenso viele Ursachen, welche diese Menschen an einen Punkt brachten, wo es eben fast bis gar nicht mehr weitergeht.

Doch bestimmte Merkmale gibt es tatsächlich, nur sind diese nicht nur in der heutigen hektischen Zeit zu suchen, sondern auch in einem Zeitraum vor hunderten, tausenden von Jahren, in der Vergangenheit des «Menschendaseins». Ja, und so sollte der gleiche Mensch, der einstige Jäger und Sammler, heute noch gleich funktionieren... Die Antwort gibt dir eben die steigende Burnout-Statistik.

Inhaltsverzeichnis

Vorwort 5
Da fragt man sich 8
So oft fängt alles mit Stress an 9
Wie entstehen Schlaflosigkeit, Rastlosigkeit,
Erschöpfungs-Depressionen, Burnout? 10
Kein Mensch ist gleich 11
Was ging voraus, was war vorher? 14
Mangel an unserem Lebenselixier 16
Was führt in der heutigen Zeit oft zur Erschöpfung? 26
Wie war es denn früher? 27
Und heute? 28
Zeit, früher und heute 30
Die Folge in der Natur 31
Melatoninhemmend 32
Die Angst, das Leben zu verpassen 34
Wie sieht es aus bei den Chinesen? 37
Zuerst aufputschen, dann runterkommen 38
Was geht denn in unserem Körper ab? 39
Plan A, Akku leer 42
Plan B, Kortisol 42
Doch heute… 43
Die Folge: Dauerstress 44
Was kommt als Nächstes? 47
Burnout! «Plan C» 48
Wie verhält sich das Nervensystem? 53
Das Lymphsystem 56
Was machen wir jetzt? Wie weiter? 57

Viel Trinken, ein Muss	58
Bewegung	59
Raus in die Natur	60
Auszeit	61
Sport	62
Meditation	62
Sich an einen See setzen	64
Musik hören	66
Sauna, Wellness	68
Malen	69
Oldtimer	70
Wie oft?	71
Essen, Ernährung	72
Suchtmittel	74
Ach ja…	76
Niederschreiben und verbrennen	77
Einmal im Tag abschreiben	78
Natürliche Mittel, Urtinkturen, Essenzen	80
«Last but not least» – zu guter Letzt, Ursachen auflösen	81
«Free your Mind»-Konzept	83
Was sollte man als Fachperson wissen?	84
Was ist mit den Angehörigen?	85
Multitasking funktioniert nicht!	88
Und jetzt mal ganz ehrlich zu dir	91
Dann…	92

Da fragt man sich

Respektive Google wurde gefragt. Bin ich gestresst? Was hilft denn gegen Stress?
Ich kann nicht einschlafen und schlafen – habe ich eine Schlafstörung? Was kann ich tun gegen Schlafstörungen, was hilft beim Einschlafen?
Ich bin müde – was hilft gegen Müdigkeit?
Ich bin erschöpft – was kann ich tun bei Erschöpfung?
Ich fühle mich leer – habe ich ein Burnout? Wie äussert sich denn ein Burnout? Was kann ich tun bei einem Burnout?
Ich bin traurig – bin ich depressiv? Ja, was ist denn eine Depression? Was kann ich dagegen unternehmen?
Und überhaupt, bin ich glücklich? Wie werde ich glücklich?

So oft fängt alles mit Stress an

Stress ist das Resultat, wenn wir irgendeiner Anforderung nicht mehr gewachsen sind. Entweder basiert er auf Erinnerungen von Erlebtem oder auf dem, was wir gerade erleben und erfahren. Das können Gefahren sein, die wir durchlebt haben oder die uns eingeredet wurden. Zum Beispiel von den Eltern: «Pass auf, das ist gefährlich!» Von den Medien, die meist nur mit Negativem und mit angstmachenden Berichten Aufmerksamkeit erhaschen wollen: «Das ist krebsfördernd! Das ist gefährlich, höchste Alarmstufe!» etc.
Entweder sind wir im Leben entspannt oder eben angespannt. Die Auslöser für die Anspannung sind zum Beispiel Zeit- und Erfolgsdruck, Existenzangst, Probleme damit, Familie und Beruf in Einklang zu bringen, negative Gedanken usw.
Was passiert denn in unserem Körper bei Stress? Jeder negative Gedanke löst in uns eine Reaktion aus. Der Körper produziert dann Adrenalin (ein Stresshormon) oder Noradrenalin (ein mit Adrenalin verwandtes Stresshormon). Bei länger anhaltendem Stress wird Kortisol ausgeschüttet, ebenfalls ein Stresshormon. Dieses unterdrückt dann aber die Produktion der Glückshormone und des Melatonins, des Schlafhormons. Dies führt später, wenn wir immer noch unruhig und nervös sind, zu Schlafstörungen. Wir sind dann immer angespannt und schlussendlich am ganzen Körper verspannt. Hierauf gehe ich später noch näher ein.

Wie entstehen Schlaflosigkeit, Rastlosigkeit, Erschöpfungs-Depressionen, Burnout?

Bei all diesen Zuständen sehen wir eigentlich immer die gleichen Hintergründe. Deshalb hängen alle diese Zustände miteinander zusammen. Wie schon erwähnt, fängt es bei vielen Patienten mit einer angespannten Situation, mit Rastlosigkeit, Schlafmangel und Schlaflosigkeit an.
Bei anderen geht eine Depression voraus und lässt sie schlussendlich nicht mehr schlafen. Es ist immer ein schleichender Prozess, der am Anfang sehr oft unbemerkt bleibt und auch von den Betroffenen selbst nicht wahrgenommen wird. Meist kommen noch verschiedene andere Lebensumstände dazu, und am Ende kann es zu einem Burnout kommen, wo dann gar nichts mehr geht. Viele Wege und Lebensgeschichten führen zu diesen Erscheinungen. Bei jeder Menschenseele, bei jeder Persönlichkeit auf ihrem ganz eigenen Weg. So kann es jeden Erdbewohner treffen …

Kein Mensch ist gleich

Kein Mensch ist gleich! Aus diesem Grunde gibt es für unsere Krankheiten so viele Gründe und Ursachen wie Erdbewohner. Es gibt wohl Entstehungswege, die einander ähnlich sind – die effektive Ursache ist jedoch nie dieselbe. Dies macht es auch für die Schulmedizin sehr schwierig, das richtige Rezept dagegen zu finden. Es gibt wohl verschiedene Theoretiker, die der Meinung sind, sie wüssten, was die Lösung sei – aber eben, es ist nur deren Theorie.
Über ein Drittel der Schweizer Bevölkerung klagt über Schlafstörungen. Allerdings ist eigentlich nicht der Schlaf gestört, sondern das Verhältnis, wie wir heute zum Schlaf stehen – und es stellt sich die Frage, ob wir ihm überhaupt den Raum und den Platz geben, den er braucht. Ein Schlafproblem ist sozusagen der Einstieg zu den weiteren Auswirkungen wie Burnout und Erschöpfungsdepressionen.
Aus diesem Grunde ist es auch nicht die Lösung, alles unter einen Medikamentendeckel zu legen, denn dies verdrängt nur die Ursache. Und diese kommt später wieder zum Vorschein, wenn die Medikamente abgesetzt werden. Wenn sie überhaupt abgesetzt werden… Die längere Einnahme von Medikamenten führt auch sehr oft zu einer Sucht. Das sehr effektive Medikament Temesta, das oft eingesetzt wird, hat ein grosses Suchtpotenzial. Es ist auch ein Medikament, das in grossen Mengen auf dem Schwarzmarkt gehandelt wird! Die Nebenwirkungen sind übrigens auch nicht ohne! (Schwindel, Müdigkeit, Muskelschwäche, Kopfschmerzen, Sehstörungen, paradoxe Reaktionen wie Erregtheit, Wut oder Halluzinationen, Schläfrigkeit, Kraftlosigkeit.)

Ganz klar helfen in bestimmten Phasen gezielte Medikamente, nur kommen wir damit nicht an die Ursache heran. Medikamente sind nur ein Hilfsmittel: Der Schulmediziner hat mehr Zeit zur Verfügung, und der Patient bekommt vorübergehend das gute Gefühl, dass ihm geholfen wird – und damit hat er auch seinem Arbeitgeber gegenüber ein besseres Gefühl. Klar braucht der Arbeitgeber und dessen Versicherung ein Arztzeugnis, aber das heisst noch lange nicht, dass man gleich Antidepressiva oder so einnehmen muss. Sehr oft kommt es vor, dass Betroffene von Ärzten zu bestimmten Therapien oder Klinikaufenthalten gedrängt werden. Die Griffe zu Antidepressiva haben sich in den letzten zwanzig Jahren leider verfünffacht!
Bestimmt ist es für betreuende Schulmediziner oft nicht einfach, die richtige Lösung zu finden – auch sie stehen eben manchmal unter dem Druck, möglichst schnell ein Ergebnis zu präsentieren. Niemand hat mehr Zeit, weder die Klienten noch die Arbeitgeber, leider... Aber die Patienten und die teilweise Jahrzehnte alten vorgängigen Geschichten, die zu ihnen gehören, gehen unter.
Deshalb steht für mich immer die Ursache, die zur Erschöpfung, zur Depression, zum Burnout geführt hat, im Vordergrund.
Die Meinung, dass solche Leidensgeschichten nur eine Entwicklung von wenigen Wochen oder Monaten sind, ist falsch. Die Entstehungsgeschichte, die Ursache liegt sehr oft, wie schon erwähnt, Jahrzehnte zurück. Sie wird einem sogar teilweise in die Wiege gelegt. Es gibt wohl verschiedene Auslöser in der Gegenwart, doch der Prozess an und für sich ist schleichend,

über eine sehr lange Zeit, entstanden. Gerade deshalb sollte es einem klar sein, dass ein solches Problem eben auch nicht im Handumdrehen gelöst werden kann – auch die Genesung braucht eben ihre Zeit. Sie ist ein langer Prozess, der nur schrittweise vor sich geht.

Was ging voraus, was war vorher?

Wir wollen immer auf irgendeine Art und Weise Leistung erbringen. Das ist seit jeher in uns, in unserer Wirbelsäulen-Seele gespeichert. Sei es zum Überleben oder aus dem Antrieb,

mit unserem Tun immer mehr zu erreichen. Wir wollen uns weiterentwickeln, verlieren uns jedoch oft dabei.
Genauso hat jeder auf seine Art und Weise das Verlangen nach Aufmerksamkeit, Zuneigung und Liebe.
Dies fängt in der Schwangerschaft an, möglichst geborgen im Mutterleib. Dann abgenabelt, an der warmen, nährenden Mutterbrust. Und so zieht es sich weiter durch die ganze Kindheit, schlussendlich das ganze Leben lang. Die Art und Weise, wie wir Wärme, Aufmerksamkeit und Liebe bekommen, ändert sich, je erwachsener wir werden. Selbst als Erwachsene richten wir unser Handeln immer noch darauf aus, geliebt zu werden, auch wenn es dann nicht genau so auflegt wird. Auch ein Bonus ist eine Bestätigung von Aufmerksamkeit.
Haben wir diese Aufmerksamkeit nicht oder nicht mehr, verlieren wir die Freude, den Spass an unserem Tun, in unserem Sein. Sei es im privaten oder im geschäftlichen Bereich. Dementsprechend lassen wir uns fordern, gehen über unsere Kräfte hinaus, damit wir diese Aufmerksamkeit bekommen.
Müssen wir zu viel Kraft aufwenden, um das Erwünschte zu bekommen, laugt das unseren Körper aus. Das Unterbewusstsein reagiert dann, es hat viele Lösungen und Reaktionen im Köcher, um den Körper wieder auf Vordermann zu bringen. Aber wenn wir diese missbrauchen, nicht beachten, kommt das Ganze schlussendlich zum Erliegen. Viele verschiedene Missstände aus unserem Abenteuer Leben führen zu diesem Dilemma.

Mangel an unserem Lebenselixier

Haben wir einen Mangel an Liebe, Nähe, Aufmerksamkeit in uns, suchen wir dadurch immer nach «der» Kompensation, teilweise das Leben lang, um dies (wieder) zu erlangen. Diesen Mangel wollen wir mit Präsenz, übermässigem Geben, extremer Leistung oder was auch immer wettmachen. Kurz ausgedrückt: mit «fishing for compliments», «Angeln nach Komplimenten». Wie entsteht denn überhaupt dieser Missstand? Was ist der Ursprung? Dafür gibt es wiederum so viele Gründe wie Menschenseelen auf dieser Welt. Das kann durch Ereignisse in der Schwangerschaft sein oder in der Kindheit. Wir übernehmen es aber auch teilweise über die Wirbelsäulen-Seele von unseren Vorfahren. Leben unsere Eltern uns die Hektik des Alltags vor, leben wir sie nach. Fordern sie uns auf, Leistung zu erbringen, möchten wir diese Erwartung erfüllen -in der Hoffnung, Anerkennung, Aufmerksamkeit und Liebe zu ernten.
Sind wir zum Beispiel aber ein ungewolltes Kind, werden wir schlussendlich einen grossen Teil unseres Lebens auf der Suche nach Akzeptanz, Aufmerksamkeit, Geborgenheit, Nähe und Liebe sein. Ist der Zeitpunkt der Schwangerschaft für die Eltern nicht so geplant gewesen, hat auch dies Auswirkungen. Stirbt ein Elternteil schon früh, fehlt uns dieser sehr lange. Sind wir ein Scheidungskind, hat auch dies Nachwirkungen, und wir sind dann immer auf der Suche nach der entgangenen Harmonie.
Diese Suche kommt auch sehr häufig vor, wenn Verlustängste im Spiel sind, zum Beispiel durch einen früheren Schwangerschaftsabbruch der Mutter, sei er gewollt gewesen oder durch einen natürlichen Abgang geschehen. Eine noch so kleine Seele

spürt dies bereits im Mutterleib. All diese Ereignisse werden in der Wirbelsäulen-Seele des Embryos schon kurz nach der Zeugung abgespeichert und prägen uns sehr, sehr lange. Und dies sind nur ein paar Beispiele von vielen Millionen möglichen.
Oft sind aber auch Nachkommen von Immigranten, zum Beispiel ehemaligen «Fremdarbeitern, Flüchtlingen», bestrebt, möglichst gut akzeptiert und angenommen zu werden. Denn bei dieser Gesellschaftsschicht schwebt im Hinterkopf immer noch der Gedanke der Vorfahren. Die lebten immer mit den Ängsten und Ansprüchen: «Wenn ich nicht genüge, nicht richtig arbeite, nicht alles richtig mache, nicht genug Leistung erbringe, muss ich in meine alte Heimat zurück, wo ich kein normales Leben mehr führen kann, keine Arbeit, keine Existenz, kein Auskommen habe.»
Dies stelle ich oft bei Nachkommen von Italienern, Spaniern, Portugiesen, Asiaten wie zum Beispiel Tibetern, etc. fest, obwohl es eigentlich kein Thema mehr sein sollte, weil sie hier in zweiter oder dritter Generation leben und damit angekommen, angenommen und integriert sind.
Haben Vorfahren einmal ihr ganzes Hab und Gut verloren – durch ein hartes Schicksal, durch Krieg oder was auch immer, wollen wir solche Situationen in unserem Leben verhindern, auch wenn wir nicht einmal bewusst Kenntnis haben von unseren Vorfahren und deren Schicksalen.
Es gibt noch viel mehr als die aufgezählten Prägungen. Aber es bleibt immer dasselbe Bestreben, dies in unserem Leben zu kompensieren, besser zu machen, bewusst oder unbewusst.

Das beginnt, wie bereits erwähnt, im Mutterleib, im Elternhaus oder in der Schule. Man gibt sich sehr grosse Mühe bei allem. Ich habe unter meinen Klienten immer mehr Schüler, Jugendliche und Studenten, die völlig überlastet sind, weil sie sich zu viel abverlangen, um eben zu genügen, zu erfüllen. Die Messlatte für alles wird dann generell immer viel zu hoch angesetzt.
Ja, dann kommen noch die Anforderungen dazu von den Eltern, die einem zum Beispiel eine höhere Ausbildung überhaupt ermöglichen. Es soll in der Schweiz jeder dritte Schüler an Stress leiden, in Deutschland soll es sogar jeder zweite sein.
Das zeigen auch Zahlen der Universitätskliniken für Kinder- und Jugendpsychiatrie in Bern und Zürich. 2007 gab es in Zürich 49 Notfälle, 2017 waren es bereits 649. Jeweils vor Aufnahmeprüfungen steigen die Fallzahlen deutlich an.
Ist man dann im Berufsleben, will man ebenso möglichst leistungsfähig sein, um «geliebt und anerkannt» zu werden. Wie? Mit Leistung, hoher Präsenz, Arbeitswillen, Überstunden, Weiterbildung etc. bis eben zur Erschöpfung.
Es kann aber auch zum Beispiel in Pflegeberufen sehr oft geschehen, da dort sehr unregelmässige Arbeitszeiten leider zur Tagesordnung gehören. Nebst der hohen körperlichen Leistung und Präsenz gerät der Biorhythmus völlig durcheinander. Dasselbe gilt natürlich generell bei Arbeitnehmern, die unregelmässig arbeiten.
Ja, und da sind natürlich auch die überlasteten und gestressten Arbeitnehmer, Kaderleute, Manager und Unternehmer, die sehr viel leisten sollen, sollten und nicht mehr können.

Man wächst in die Arbeit, in eine Aufgabe, Schritt um Schritt hinein. Man wird befördert, oder eine Ausbildung führt zu einer höheren Aufgabe. Dabei bemerkt man aber nicht, dass dann der Spass, die Freude an der Arbeit verloren gegangen ist. Oder umgekehrt: Es macht noch mehr Spass, und man möchte immer mehr erreichen. Die Messlatte für die eigene Leistung liegt schlussendlich immer höher. Bis es nicht mehr geht. Dabei ist ganz klar zu erwähnen, dass jede Berufsgruppe, jede Kaderstufe davon betroffen sein kann.

Ein sehr angesehener und erfolgreicher Topmanager sagte einmal: «Wer mehr als 55 Stunden in der Woche arbeitet, kann nicht managen…» Ja, ich stimmte ihm vollumfänglich zu! Nur: Zwei Jahre später nahm sich dieser Topmanager das Leben. Eine private Angelegenheit hatte ihn aus der Bahn geworfen, er hatte dies mit Arbeiten kompensiert… Burnout… Einige sagten im Nachhinein: «Ja, er war immer, rund um die Uhr, erreichbar, das verwunderte mich schon etwas…» Ja, und viele schauen dann einfach zu und denken, das gehört zu seinem Job in der Teppichetage… Nein, es muss nicht sein!

Ich hatte gerade gestern einen Top-Manager unter den Händen, der sich völlig verloren hat. Er kam wegen Schmerzen im Bauch. Die Ärzte konnten aber nichts feststellen. Ich jedoch spürte eine Entzündung im Dickdarm… dies als Folge von zu hoher Kortisol-Ausschüttung. Eine ganz klare Nebenerscheinung von Dauerbelastung, Dauerstress. Dazu später mehr…

Also das ursprüngliche Problem bei dieser Führungspersönlichkeit ist nicht der Bauch, obwohl der im Moment am meisten

Probleme macht, sondern die Tatsache, dass dieser Klient völlig überbelastet und ausgelaugt ist. Da er im Berufsleben eine starke Persönlichkeit ist, muss es nicht nur der Arbeitsstress alleine sein. Denn wenn dann nebst der beruflichen Auslastung noch einschneidende private Probleme dazukommen, ist eine Überbelastung ein Vorbote eines Burnouts. Wenn ich diesen Klienten darauf angesprochen hätte, hätte ich bestimmt nicht die richtige, ehrliche Antwort bekommen, da sie einem Betroffenen meistens gar nicht bewusst ist oder noch nicht… oder er verdrängt es noch.

Ich spüre dies jeweils schon und wähle einen aufbauenden diplomatischen Weg, damit der Klient möglichst schnell wieder zum inneren Frieden, zur Entspannung gelangt.

Ja, so hatte ich auch kürzlich eine ca. 45-jährige Kaderfrau einer Bank in meiner Praxis. Ursprünglich kommt sie aus Deutschland, wohnt aber heute in der Schweiz. Ich spürte extreme Ängste, die sie von ihren Vorfahren mit auf den Weg genommen hat. Ihre Eltern sind klassische «Nachkriegskinder» mit grossen Verlust- und Existenzängsten. Die Prägung, Angehörige und Existenz zu verlieren, sass unheimlich tief. So liegt es auf der Hand, dass die heute 45-jährige Tochter immer sehr strebsam war und viel erreichen wollte, damit ihre Existenz auch gesichert ist. Aus diesem Antrieb heraus hat sie sich völlig überfordert. Magen-Darm-Geschichten, Rückenprobleme und Hexenschuss sind eine klare Folge davon. Nur war es ihr vermutlich nicht bewusst, dass sie mittlerweile in ein Burnout geschlittert war. Ihre Mutter meldete sich schlussendlich

auch an. Und wie vermutet, traf ich eine in der Vergangenheit lebende, sehr angsterfüllte, negative Frau an... Aber eben, es gibt Millionen von Vorgeschichten. Je nach Herkunftsland sind sie aber ähnlich gelagert. Nur, das grösste Problem dieser Kaderfrau war, dass sie nicht gleich sofort wieder zurück zur Arbeit konnte... Diese war ihr wichtiger als die Krankheit selbst... Da ich immer mehr Manager und Unternehmer in meiner Klientel habe, schuf ich gerade für diese Persönlichkeiten eine eigenständige Dienstleistung. Darüber jedoch später mehr.
Ach ja, da wären noch die Spitzensportler. Ich arbeite ja auch nebenbei mit Spitzensportlern. Viele kennen wohl die tragische Geschichte des deutschen Torwarts Robert Enke. Er erlitt auch ein Burnout und nahm sich schlussendlich das Leben. Die Geschichte bewegte die Sportlerwelt. Ja, viele Spitzensportler sind oft nahe an einem Burnout!
Ich erinnere mich: Da war einmal ein Mannschaftskapitän der 1. Deutschen Bundesliga. Auch er verlor sich, nicht im Sport alleine, sondern indem er es seinem Umfeld immer recht machen wollte. Er realisierte seinen Karriereaufstieg zu wenig und war im privaten Bereich immer noch der nette, hilfsbereite Kumpel, Ehemann, Schwiegersohn und verlor sich dabei vollkommen. Er konnte nicht mehr abwägen, was wichtiger war, die neue Waschmaschine für die Schwiegermutter oder sein anspruchsvoller Job als Profifussballer. Dann noch das schlechte Gewissen, für seine Ehefrau zu wenig Zeit zu haben.
So meinte einmal der Torwart-Titan von Deutschland, Oliver Kahn: «Der mentale Stress ist im Spitzensport enorm hoch.»

Ja, er muss es ja wissen. Er sieht einen jeden Burnout-gefährdet, der keinen Weg hat, sich im Alltag abzulenken. «Ja, viele lenken sich eben nicht nur ab, sondern verausgaben sich dabei.» Dies passierte eben auch bei meinem damaligen Fussball-Klienten. Er machte anfangs sensationelle Fortschritte, innert zwei, drei Wochen. Er spielte wieder Fussball wie seit ewig nicht mehr. Es fiel auch diversen Freunden in der Mannschaft auf sowie der Klubleitung. Sie sahen mich ja auch jeweils an den Spielen, und sie wussten, dass ich etwas damit zu tun hatte, nur geredet hat natürlich niemand davon, was ich mit der Arbeit mit Spitzensportlern sehr wohl kenne. Ja, nur schade, dass dieser Fussballer es dann wieder als wichtiger erachtete, für seine Schwiegereltern und seine Frau seine Zeit zu opfern als für sich und seine Zukunft als Spitzenfussballer, indem er sich alle zwei Wochen eine Autofahrt in die Schweiz gegönnt hätte. Meine Voraussage bestätigte sich, und er erlitt etwas später wieder einen Rückfall. Heute spielt er irgendwo in der 3. Bundes-Liga… Aber eben, dies kann natürlich auch einer ganz normalen Hausfrau passieren, die ihren Kindern und ihrem Mann, dem «Ernährer», möglichst gut dienen möchte und dadurch völlig über ihre Kräfte geht. Der Arbeitsalltag einer Hausfrau beginnt schon sehr früh und endet sehr spät. Im Urlaub geht es auch sehr oft im gleichen Takt weiter. Auch wenn es lockere Aufgaben gibt im Haushalt, sind die Erholungsphasen nicht ausreichend, dass eine Entspannung sich breit machen könnte. Sicher sind Mütter von der Schwangerschaft her mit einem Gelassenheitsgen bestückt, nur kommen heute ja noch viel mehr Auf-

gaben dazu. Damit eine Familie heute überleben kann, muss die Frau sehr oft mitverdienen mit einem Nebenjob.
Ja, da wären noch die getrennten und geschiedenen Hausfrauen. Diese sind erst recht auf ein Einkommen angewiesen, das sie mit meist schlechtbezahlten Jobs aufbessern müssen, da die Alimente meist nirgends hin reichen. Da kommt noch der psychische Stress ganz enorm zum Tragen. Ich sehe in der Praxis, dass viele Mütter völlig am Anschlag sind. Nur will man den Kindern das Leben auch möglichst einfach gestalten. Sie werden in die Schule gefahren, ins Training, in den Ausgang etc. etc. Doch dabei wird vergessen, dass die Mütter den Kindern so die Selbstständigkeit rauben, nebst dem, dass die Mütter dabei eben auch immer auf «Achse» sind.
Da wären noch die ewigen Auszubildenden. Ja, dann gehen wir mal zur Schule. Lernen einen Beruf, bilden uns weiter, und weiter, und weiter… bis wir uns vor lauter Weiterbildung weit von uns selbst entfernt haben, da wir nur eben andere Wahrheiten und Weisheiten gelernt haben. Wir leben dann nur noch in Theorien, wie man es eben machen könnte, sollte, müsste, um erfolgreich und glücklich zu leben. Die ganze Freizeit ging mit Lernen und Büffeln drauf. Man vergass völlig, dass man das Leben trotz Bildung nur erleben und erfahren kann. Durch den ganzen ewigen Lernstress, die vielen Ausbildungen vergass man, dass es eben noch anderes im Leben geben würde. Kein Partner, der falsche Partner, keine Familie, keine Perspektiven – all das führt dann sehr oft zu Stress, wir bemerken, dass etwas verpasst wurde. Man hat zwar eine gute Ausbildung,

aber kein Bild vom entspannten Leben. Das Resultat: ein Kopf voller Wissen und Theorien, aber kein Halt im Leben. Dieser hochwissende Turbo-Wissenskopf lässt einen dann nicht mehr schlafen, nicht mehr entspannen. Ja, dann wäre noch die Realität, dass man dann fast überqualifiziert ist und eine entsprechende Arbeitsstelle schlecht zu finden ist. Der nächste Schritt ist sehr oft die Selbstständigkeit. Dann gibt man erst recht Vollgas, da man ja etwas erreichen möchte als Unternehmer... Und so landen sie schlussendlich in einem Burnout.

Ich sehe es sehr oft, wenn Therapeuten sich anmelden, dass sie völlig blockiert sind. Sie wissen eigentlich alles, aber doch nichts. Sie haben alle erdenklichen Ausbildungen gemacht, um mit dem Angebot möglichst Klienten anzuziehen, und das erst noch mit Krankenkassen-Anerkennung. Das Komische ist nur: Wenn es um den Behandlungstermin geht, können sie jederzeit kommen ... da sie eh zu wenig Klienten haben. Habe ich sie schlussendlich unter den Händen, will der Systemkopf nicht mehr aufhören zu drehen, eben «Turbo im Kopf». Ja, sie wollen doch helfen, um Anerkennung und Lob zu bekommen, sie wären doch so hilfsbereit.

Man kann eben kein System sein, nur sich selbst. Man kann nicht etwas perfekt erreichen und leisten, man kann nur bei sich sein, in seiner eigenen Seele, mit Freude und Spass. Man kann das Leben nur erfahren, mit dem Herzen, nicht mit dem Ego, dem Kopf. Ich selbst habe nie eine Ausbildung gemacht, ausser die Berufslehre. Ich habe einfach gehandelt, gemacht, war und bin immer mich, ohne System und Krankenkassen-

Anerkennung. Ich habe in meinem Leben viel verloren, aber noch mehr daraus gewonnen. Mich hat das Abenteuer Leben geschult – alles, was ich tue, schreibe, beruht auf meinen eigenen Erfahrungen. Nur wenn ich ICH bin, ohne Anerkennung zu bekommen, wenn das Ego zuhause bleibt, ich in mir selbst zuhause bin, hat der Klient die grösste Chance, auch dorthin zu gelangen und entspannt und gesund durchs Leben zu schreiten. Wie schon gesagt, es gibt Millionen von Gründen oder Ursachen, weshalb man in die missliche Lage kommt, von einem Burnout, einer Depression oder Ausgelaugt-Sein betroffen zu sein. Ich habe schon zehntausende von Seelen unter meinen Händen gehabt, aber schlussendlich war jeder, aber auch wirklich jeder dieser Erdbewohner ein Unikat, mit den dahinterliegenden Ursachen. Aus diesem Grunde wird es nie das Geheimrezept geben gegen diese Leiden.

Was ich aber sehr oft festgestellt habe, ist, dass viele Klienten sich nicht bewusst sind, dass sie ein Burnout haben oder sich in einer Depression befinden. Dass sie zu wenig Schlaf bekommen, ist ihnen sehr schnell bewusst, aber mehr nicht. Sie kommen, weil sie sich in einer bestimmten Situation nicht mehr zurechtfinden und ihr Körper dementsprechend Signale aussendet. Es ist ihnen aber nicht bewusst, dass dies viel tiefere Hintergründe hat und sie nicht nur seelisch, sondern auch körperlich angeschlagen sind. Es macht da meist auch keinen Sinn, wenn ich es ihnen dann sage – das würde sie noch mehr aus der Bahn werfen. Ich spreche es oft erst später an, wenn sie wieder ins Leben zurückgefunden haben.

Was führt in der heutigen Zeit oft zur Erschöpfung?

Wie erwähnt, springen wir aus irgendeinem Grunde der Akzeptanz oder Leistung hinterher. Zum anderen aber kommt auch noch etwas Massgebenderes dazu.
Die Welt um uns herum dreht sich immer schneller. Wir bewegen uns rasanter als früher. Die Hektik in der Öffentlichkeit wie auch in unserem Privatleben hat in den letzten Jahrzehnten extrem zugenommen. Auf dem Lande, im Grünen, etwas weniger als in den Grossstädten.
Dies gibt uns das Gefühl, nicht mehr nachzukommen. Wir wollen immer mehr in unsere Zeit hineinpressen. Mehr leisten, die geschäftlichen E-Mails noch zuhause lesen, vor dem Einschlafen. Man realisiert nicht, dass viele Überstunden nichts bringen, im Gegenteil. Ausgeruht am anderen Tag, erledigt man vieles viel schneller und effizienter. Man vergisst, dass man noch delegieren könnte, sollte. Begriffe wie Allzeit-Präsenz, nonstop online, 24/7 sind Gift für unsere Gesundheit und auch für unsere Umgebung, unsere Nächsten.
Zudem werden die Erholungsphasen immer kürzer. Unser Schlafverhalten hat sich dieser Tatsache angepasst, so dass wir heute ungefähr anderthalb Stunden weniger schlafen als früher, da uns unsere Luxusgüter zusätzlich auf Trab halten.
Die Hausfrau – oder heute eher Teilzeithausfrau – will auch alles möglichst perfekt und effizient erledigen, so dass zwischen Kinderkrippe, Kindergarten, Schule, Nebenjob, Kochen, Facebook, Instagram, Starbucks etc. noch genügend Zeit bleibt. Doch für all das sollte eben der Tag nochmals zehn Stunden sozusagen als Bonus hergeben.

Wie war es denn früher?

Unsere Vorfahren lebten mit einem viel langsameren Denken und Handeln. Dies setzten sie ein, um sich fortzubewegen – in der Natur, auf der Jagd oder sonst im Leben - oder einfach, um gemütlich am Lagerfeuer zu sitzen. Das damalige Fortbewegungsmittel waren ihre eigenen Füsse, sie bewegten sich also im Schritttempo. Auf der Jagd vielleicht mal etwas schneller. Aber es gab bestimmt noch keine 100-Meter-Läufe, joggende Ureinwohner gab es vermutlich auch nicht...

Und heute?

Heute bewegen wir uns in einem extrem rasanten Tempo, mit dem Fahrrad, dem E-Scooter, dem Motorrad, dem Auto, dem Zug oder dem Flugzeug. Unser Gehirn musste sich den schnellen Bewegungen anpassen. So musste es sich von anfangs 3–5 km/h bis auf heute 20/30/100 oder gar 1000 km/h zurechtfinden respektive genug schnell «drehen». Sozusagen von einem mechanischen Hirn zum Hightech-Super-«Turbo»-Hirn. Und all dies entwickelte sich in den letzten ungefähr 150 Jahren – eine kurze Zeitspanne im Gegensatz zu den Millionen von Jahren, in denen es das menschliche Denken und Handeln schon geben soll. Im noch schnelleren Tempo bewegen wir uns mit den elektronischen Medien. Der Brief war früher… uff… altbacken… so was von extrem langweilig, in der gleichen Zeit schreibt man heute 5 E-Mails, 20 bis 50 SMS (Kurznachrichten im Short Message Service), Mitteilungen, die sofort beim Empfänger eintreffen und demzufolge gefälligst auch sofort gelesen werden oder gelesen werden sollten und natürlich genauso schnell zu beantworten sind.

All diese von uns Menschen entwickelten Hilfsmittel für unsere Bewegung, unser Arbeiten haben unser Leben sicherlich extrem vereinfacht – und es zugleich extrem beschleunigt. Wir gewinnen sehr viel Zeit mit all diesen Erfindungen und Fortschritten. Denken wir nur schon die letzten 20 Computer-Jahre oder die letzten 10 Mobilphone-Jahre zurück. Ja, und so liegt es auf der Hand, dass viele Erdbewohner-Hirne da nicht mehr ganz mithalten können. Nicht nur etwa, weil wir zu langsam denken und handeln, sondern weil wir viel zu viele Aktivitäten in die neu gewonnene, verfügbare Zeit packen müssen und wollen.

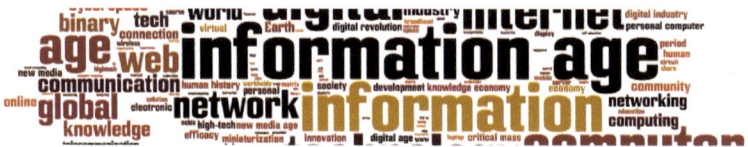

Zeit, früher und heute

Nur kurz ein Beispiel: Um ein 400-seitiges Buch von Hand abzuschreiben, brauchte man früher vielleicht drei oder vier Wochen. Heute kann ein Harry-Potter-Band mit 800 Seiten als Download mit Lichtgeschwindigkeit innert wenigen Sekunden als E-Book auf einen E-Reader oder einen Computer übertragen werden.

Die Folge in der Natur

Mutter Natur kommt mit unserem neuzeitlichen schnellen Handeln und dem Ausschöpfen aller erfundenen Erleichterungen und Hilfsmittel der letzten 150 Jahre  nicht mehr nach. Der schnell denkende Mensch schöpft die Natur mit all seinen neuzeitlichen Maschinen zu sehr aus. Der schnell gerodete Regenwald kann gar nicht mehr so schnell nachwachsen, wie er abgeholzt wird. Die Meere werden mit den grossen Fischerei-Flotten leergefischt, so dass sie sich auf dem natürlichen Weg nicht mehr erholen können. Kurz, die Natur kommt mit unserem Kommerzdenken-Tempo nicht mehr mit. So sind dann halt eben die hoch produktiven Hightech-Treibhäuser entstanden, und sogenannte Hybrid-Getreide werden angebaut, da sie schneller wachsen. Ähnliches geschieht auch in der Massentierhaltung. Künstliches Licht verkürzt den Tagesrhythmus. Unsere geforderte Geschwindigkeit ist immer höher als das, was die Natur, das Ökosystem hergibt.

So sind die Menschen in einer Grossstadt unterwegs wie in einem Hightech-Hühnerstall und müssen sich extrem schnell bewegen, damit ihnen niemand auf den Füssen herumtrampelt oder so. Der Weg, die Zeit, die Effizienz, unser Leben wird optimiert…

Melatoninhemmend

Kommen wir nochmals kurz auf die Elektronik zurück. Ähnlich wie das Licht in einer Massentierhaltung, das das Tageslicht simuliert und aus 24-Stunden-Tagen 22- oder 23-Stunden-Tage macht, verlängert das blaue und das weissblaue Licht eines Tablets, eines Smartphones, eines Computers oder eines Fernsehers unseren Tag. Dieses bläulich-helle Licht hemmt die Produktion des Hormons Melatonin und hält uns so gegen die Natur entsprechend länger wach.

Das Hormon Melatonin reguliert den Tag-Nacht-Rhythmus des Menschen. Ein zu niedriger Melatonin-Spiegel kann zu Einschlafproblemen, einem unruhigen Schlaf oder generellen Schlafstörungen führen. Das helle Licht kann die Melatonin-

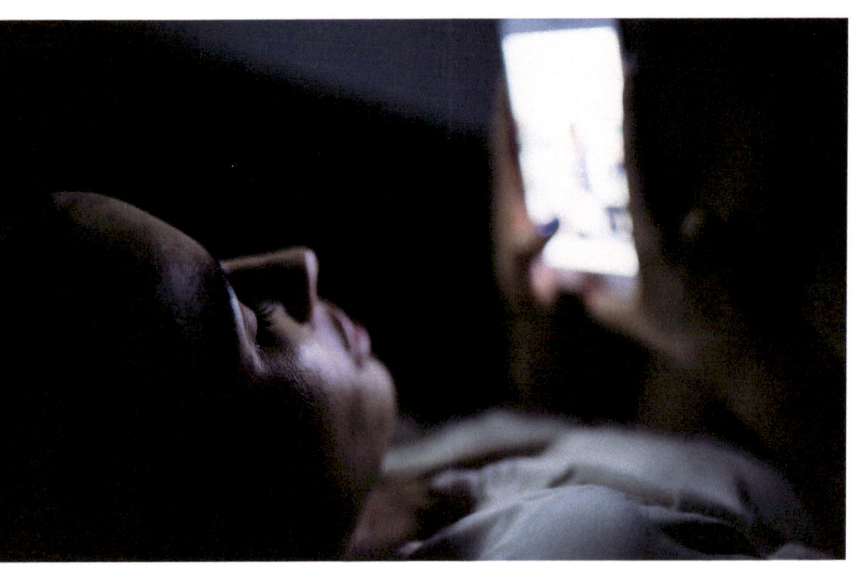

produktion um bis zu 20 Prozent reduzieren. Es verändert unsere biologische Uhr, auf Kosten der Schlafphase. Aus diesem Grunde haben die Bildschirmhersteller ein gelbliches, abgedämmtes Licht für die Abendstunden integriert, das sich automatisch der Tageszeit anpasst. Sehr hilfreich, wenn es auch entsprechend genutzt und aktiviert wird. Und wie schon erwähnt, kann auch der Stress die Melatonin-Ausschüttung hemmen.
Ja, man kann ganz klar sagen, dass durch die Erfindung des elektrischen Lichts Ende des 19. Jahrhunderts der grösste Einfluss auf unseren Biorhythmus seinen Anfang nahm. Es war der Anfang der Zeit, in der nicht mehr das Sonnenlicht unsere Schlafenszeit bestimmt.

Die Angst, das Leben zu verpassen

Durch die elektronischen Medien sind wir, wie schon erwähnt, nonstop erreichbar und immer mit den neusten News versorgt. Früher schrieb man am Wochenende einen Brief an Bekannte oder Verwandte oder auch einen romantischen Liebesbrief. Eine bis zwei Wochen später kam eine entsprechende Antwort oder was auch immer. Beim Liebesbrief bangte man sehnlichst jeden Tag nach einer Antwort. Der Gang zum Briefkasten kam einer Weltreise nahe.
Heute schreiben wir via Messenger, Facebook, Instagram, Twitter etc. eine Meldung und erwarten innert Sekunden, Minuten eine Reaktion oder Antwort. Die Liebesbekenntnis-Antwort kommt auf diese Weise völlig emotionslos mit einem Kuss-Smilie zurück, je nach Verliebtheitsgrad innert Sekunden oder... Stunden... oder gar Tagen, wobei sie dann zugleich auch von einem Tränen-Smilie geschmückt sein kann.
Wir kommunizieren auch sonst immer und überall unser Leben, sagen aber trotzdem über unser Innerstes, das, was uns sozusagen «am Herzen» liegt, nicht mehr. Das Leben wird eigentlich nur noch als «Spam» wahrgenommen.
Also, es ist eigentlich kein «Spam», was uns Bekannte, die Nächsten schreiben, aber durch die Fülle von Infos, Eindrücken, wer wann wo mit wem, nehmen wir es eben trotzdem als «Spam» wahr. Je mehr wir im Leben sonst gestresst oder eben erschöpft sind, desto mehr klammern wir uns ans elektronische Leben, aus Angst, da auch noch etwas zu verpassen.
Mein Sohn sagte letzthin: «Meine Kollegen können nicht mehr reden, wenn es um sie persönlich geht, wenn es um etwas geht,

was sie wirklich bedrückt. Sie brauchen zuerst zwei oder drei Bier, bis sie ihr Herz ausschütten, bis sie erzählen, was sie wirklich beschäftigt.»
Ich stellte in den letzten Jahren immer mehr fest, dass viele das Leben um sich herum, die Landschaft, die wunderschöne Natur nicht mehr wahrnehmen.
Wenn ich aus meiner Praxis schaue, zum See hinunter, spazieren alle mit dem Blick auf das Mobilphone an der wunderschönen Natur vorbei. Nötigenfalls ein kurzer Halt für ein Pic, das Sekunden später via Facebook, Instagram gepostet wird, ohne dem Naturschauspiel nur eine Sekunde zuzuschauen. Ob nebenher noch ein Vierbeiner an der «Long Line» hängt oder ein Kinderwagen, ob etwas unterhalb des iPhones vor sich hin rollt, macht keinen Unterschied. Die Umgebung, die wunder-

schöne Natur wird nicht mehr wahrgenommen. Doch diese Natur sollten wir eben, um wieder etwas zu uns zu kommen, aufnehmen, aufsaugen, auf uns wirken lassen. Auch auf dem Arbeitsweg fahre ich jeweils an diversen Busstationen vorbei. Ich sehe jeweils gesenkte Köpfe, in halswirbelsäulenschadender Haltung auf ihr Smartphone schauen. Sitze ich dann in einem Konzertsaal, sind die Zuhörer mehr mit dem elektronischen Teil, Bilder und Selfies machend, beschäftigt als damit, mit den Augen und Ohren die wunderbare Darbietung aufzusaugen. Ich komme mir vor, als würden sie die teuren Tickets nur kaufen, um über die digitalen Medien möglichst viele «Likes» zu bekommen...

Wie sieht es aus bei den Chinesen?

So ein Blitzgedanke… Die Chinesen sind ja auch extrem an ihren Smartphones. Sie haben auch sehr grossen Stress und Druck am Arbeitsplatz. Abgesehen davon, dass sie Medien konsumieren, spielen sie auch noch extrem viel auf ihren Mobilgeräten. Sehen wir in Zürich vor einem Starbucks ein Chinesen-Pärchen, schauen die sich sozusagen nie an, sie heben den Kopf nur im äussersten Notfall von ihrem Smartphone… Ja, und wen wundert es, dass 60 Prozent der Chinesen an Schlafstörungen leiden. Sie haben schon 2008 Internetsucht als Epidemie erkannt! Ja, so können auch wir uns auf etwas gefasst machen… Es wird auch bei uns so aussehen in vielleicht zehn Jahren…

Zuerst aufputschen, dann runterkommen

Ja, auch noch ein Problem der heutigen Zeit. Seit dem Boom von Energydrinks Ende der 80er-Jahre haben die jüngeren Generationen, die sich damit aufputschen, umso mehr Mühe, am Abend wieder runterzukommen. In den USA wurden im Jahr 2016 ca. 3,3 Mrd. Liter Energydrinks verkauft! Ja, wie will man denn so aufgeputscht noch schlafen, wenn es dann irgendwann mal Zeit wäre. Um diesem Problem entgegenzuwirken, erfand man schlussendlich die Relaxation Drinks. Diese beinhalten L-Theanin, Melatonin, Baldrianwurzel, Melisse und Passionsblume. Auch dieser Markt ist extrem am Boomen. Der Marktanteil beträgt mittlerweile ca. 10 Prozent des Energydrink-Marktanteils, Tendenz extrem steigend! Wie gesund diese ganze Entwicklung für den Menschen ist, liegt auf der Hand. Schlafprobleme werden uns also in den nächsten Jahrzehnten auf Trab halten! Irgendwie bedenklich!!! Schon heute lese ich in jeder dritten Neuanmeldung in der Praxis: «Schlafprobleme» und «Erschöpfung». Wo führt das noch hin?

Was geht denn in unserem Körper ab?

Es ist in Wirklichkeit viel einfacher, als wir denken. Drehen wir die Zeit nochmals zurück, bis zu unseren Anfängen.
Wir waren Jäger und Sammler, sind es heute noch, nur wird nicht mehr das Gleiche gejagt und gesammelt wie damals. Als wir früher auf die Jagd gingen, war eine sehr hohe Konzentration und Leistung gefragt, um erfolgreich an Beute zu kommen und sie auch nach Hause zu bringen.
Dadurch wurde in unserem Körper, in den Nebennieren unter anderem, das Stresshormon Adrenalin ausgeschüttet. Dieses gelangte dann in den Blutkreislauf. Die Wirkung von Adrenalin auf den Organismus war für unsere Vorfahren von besonderer Wichtigkeit. Denn die Freisetzung von Adrenalin ermöglicht es dem Körper, schnell an die Energiereserven heranzukommen, um rasch fliehen oder eben auch konzentriert kämpfen zu können.
Adrenalin wird aber auch bei psychischer Belastung gebildet, um das Herz-Kreislauf-System und den Stoffwechsel schnell an die jeweilige Situation anzupassen. Es bewirkt, dass sich unser Blutdruck und die Herzfrequenz erhöhen und dass sich gleichzeitig die Bronchien erweitern, damit mehr Luft, sprich Sauerstoff in unseren Körper gelangt. Der Stress erhöht zudem den Blutzuckerspiegel, mit der Folge, dass mehr Energie freigesetzt wird. Es wurde schon damals sozusagen der «Turbo» aktiviert. Dies alles für die natürliche, überlebenswichtige Leistung.
Damals wurde das Adrenalin schnell wieder abgebaut, spätestens wenn man am Abend vor dem Lagerfeuer sass und das Gesammelte und Gejagte verzehrt wurde.

Heute ist es eigentlich noch genau gleich. Wir gehen zur Arbeit, geben das Beste, wenn möglich Höchstleistung. Jagen nach Umsatz, Ruhm und Anerkennung. Im Hinterkopf den Bonus, die Beförderung oder einfach das Ansehen unseres Vorgesetzten. Je höher der Antrieb, je mehr der Biss nach Umsatz, guten Ergebnissen und Absatz, desto höher unser Adrenalinpegel. Dieser sollte sich dann ebenfalls wieder langsam senken, wie früher, wenn wir nach getaner Arbeit bei einem leckeren Abendessen sitzen. Alles gut und recht... wenn wir dann wirklich gemütlich beim Nachtessen sitzen können, mit einem feinen Glas Wein.

Aber eben, wenn... da nur nicht noch dieses niedliche kleine elektronische Ding namens iPhone an uns kleben würde. Und wenn es schon da klebt, soll es doch auch genutzt werden. Man will doch wissen, wo sich die Bekannten, Freunde, Geschäftskollegen befinden. Ja, und schon nimmt das «Liken» und «Kommentieren» wieder seinen Platz ein.

Ist man dann selbst nach dem Feierabend an einem solchen «Champagneranlass», einem Konzert, einer Sportveranstaltung oder was auch immer, soll dann gefälligst auch gepostet und sollen «Likes» gesammelt werden... Oder der Chef hat bestimmt noch ein wichtiges E-Mail versandt...

Sind wir dann irgendwann mal zuhause – unser neuer Körperteil, das Smartphone, liegt neben dem Bett. Wir wollen ja am Morgen von ihm geweckt werden, mit «Seidenweich», «Sternschnuppe», «Thriller», «Harley» oder wie die Klingeltöne alle heissen. Und wenn man schon geweckt wird von diesem angefressenen Grün-Apfel-Ding namens iPhone... wird auch der Drang nach Meldungen bereits wieder wach... Das Smartphone ist zu unserem neuzeitlichen Lebenspartner geworden. Hilfsmittel und Suchtmittel zugleich... Verlässt es uns, wegen eines Defekts, muss es unverzüglich via «Media-Markt-Shop» mit dem neusten, trendigsten Modell ersetzt werden.

Plan A, Akku leer

Lässt jedoch der Lebens-Stress nicht mehr nach, reagierte früher und ebenso heute noch der Körper. Dies geschieht ganz natürlich, er macht uns müde und schwach, so dass wir eigentlich dadurch etwas zur Ruhe kommen sollten. Dies ist sozusagen Plan A. A wie beim Aufladen des Smartphone, Akku laden… Doch wie kommen wir dazu?

Plan B, Kortisol

Hören wir dann nicht auf den Körper, setzt dieser automatisch sein natürliches Antistress-Programm fort, also Plan B. Sind wir im Dauerstress und haben einen Dauer-Adrenalinschub, der nicht mehr abklingt, schüttet die Nebennierenrinde Kortisol aus, damit unser Körper wieder in einen normalen Betriebsmodus kommen kann, könnte, sollte. Dieses Hormon, Kortisol, wird über das Blut im Körper verteilt und legt Schritt um Schritt unseren Mechanismus flach, eigentlich als Schutz. Es wird dann normalerweise so lange ausgeschüttet, bis der Körper (und der Geist) wieder normal funktioniert, der «Turbo» deaktiviert ist. Dies, bis wir wieder ausgeruht und regeneriert sind. Die «Kortisol-Lieferung» wird dann auch wieder eingestellt, da das Hormon seinen Dienst getan hat.

Doch heute...

...geben respektive nehmen wir uns die Zeit nicht mehr, gemütlich vor dem Lagerfeuer zu sitzen, im übertragenen Sinne. Der Körper wird ignoriert, die natürliche Müdigkeit überspielt oder mit einem Red Bull zugeschüttet, so dass wir den körperlichen Signalen davonfliegen können. Wir kurbeln uns nochmals zusätzlich an, flüchten in noch mehr Arbeit, noch mehr Sport, wollen erst recht noch mehr Leistung erbringen. Wir missbrauchen regelrecht diesen ursprünglichen Stress-«Turbo»-Schub. Wir werden zu Adrenalin-Junkies.
Und so kommt es, dass das Smartphone eben neben dem Frühstücks-Müesli liegt und uns dann den ganzen Tag begleitet, bis zum Abendbrot, bis ins Bett. Es klebt förmlich an uns, als hätten wir es beim Frühstück in klebrigen Honig fallen lassen. Ständige Erreichbarkeit und Präsenz, sei gegrüsst, 28 Stunden am Tag, oder so viele er eben doch gefälligst haben sollte.
Nonstop auf Achse... Mit Laptop in der Aktentasche, Mobilphone und Kopfhörer am, im Ohr, E-Mails werden abgefragt, dem Kollegen noch ein WhatsApp schreiben, den morgigen Tag vorbereiten, den kommenden Tag für die Kinder planen, dann wäre noch das «Champions-League»-Spiel, das nicht verpasst werden darf, das Auto muss noch in die Garage, günstige Winterpneus googeln, Schwiegereltern besuchen, auch Fitness ja nicht vergessen, dann sollte noch ein feiner Wein via Internet bestellt werden für die Festtage, ach, die Frau ist ja auch noch da... und und und.
So haben wir nur noch «Turbo im Kopf».

Die Folge: Dauerstress

Das dadurch nonstop ausgeschüttete Kortisol erreicht nach und nach das Gehirn, das schlussendlich auch eingeschränkt wird. Wir können nicht mehr klar denken, handeln und erinnern. Im Hirn greift das Kortisol auch die Nerven, die Synapsen an. Die Verbindungen im Gehirn werden beeinträchtigt.
Das Kortisol erreicht auch die Geschlechtsorgane. Der Testosteron-Haushalt kommt ins Stocken. Die Lust entschwindet nach und nach. Wir werden gefühllos, lustlos, schlapp, orientierungslos, haben keinen Biss auf etwas, sind apathisch, der Idealismus und die Begeisterung fehlt immer mehr.
Das Kortisol drängt sich noch weiter vor im Körper, beeinträchtigt auch das Blutbild. Der dringend benötigte Sauerstoff wird im Körper nicht mehr richtig transportiert, da ihn das Blut mit den verklebten Blutkörpern nicht mehr genügend aufnehmen kann… Sauerstoffmangel …
Das Kortisol bahnt sich seinen Weg durch den Körper, erreicht nach und nach die Bauchspeicheldrüse. Diese arbeitet schlussendlich auch nicht mehr richtig. Die Insulinproduktion kommt aus dem Gleichgewicht. Der Zuckerhaushalt funktioniert nicht mehr ausreichend. Magen- und Darmbeschwerden sind die Folge. Sehr oft folgen auch Blasenentzündungen.
Die Bauchspeicheldrüse (Pankreas) ist zudem auch zuständig für die Produktion der Glückshormone Serotonin und Dopamin. Diese werden auch nicht mehr genügend produziert, und wenn, gelangen sie nicht mehr in den Körper. Wir werden apathisch, teilnahmslos, unglücklich.
Der ganze Hormonhaushalt wird gehemmt, gestört. Die Folge:

keine Lust mehr, kein Spass an allem, geschweige denn Freude an der Arbeit oder Lust auf das Leben. Der Lebenssinn lässt nach. Man wird depressiv. Man ist nur noch angespannt, aufbrausend und melancholisch zugleich.

Unsere Motivation, unser Ausgleich, der Sinn des Lebens und Arbeitens verkümmert. Nichts macht mehr Freude, alles ist nur noch ein Zwang zum Durchhalten.

Wir wollen aber auch immer noch der Schwäche entgegenwirken, wir raffen uns nochmals auf, putschen uns noch mehr auf, gehen noch mehr ins Fitnesscenter, wollen den inneren Schweinehund herausfordern, reissen noch mehr an uns, stellen die Wohnung um, wollen auf 1000 Hochzeiten gleichzeitig tanzen… obwohl wir gar nicht mehr können, mögen… und und und. Bis wir dann gänzlich zusammenbrechen. Sendepause… «Out of order…» wortwörtlich ausser Betrieb…

Da wir uns dann durch die einschleichende Depression so extrem von allem abkapseln, versinken wir noch mehr in der Einsamkeit. Freunde, Familie, Partner verabschieden sich, oder wir nehmen sie nicht mehr wahr... Sehr oft wird in einer solchen Situation Suizid zu einem grossen Thema. Unsere Partnerschaft, unsere Ehe und das gesamte Netzwerk um uns herum brechen auseinander.

Ja, und so sind wir dann an einem Punkt, wo der Körper ganz hinuntergefahren ist, jedoch der «Turbo» im Kopf immer noch aktiv. Selbst wenn wir schon depressiv sind, hämmert der Kopf, dreht sich das Hamsterrad immer noch.

Das Wort Burnout kennt man auch in der Kernphysik – es bezeichnet den Vorgang, wenn Brennstäbe zu wenig gekühlt werden oder eben ausbrennen. Unser Kopf ist dann, wie das Kühlwasser, überhitzt, und kann nicht mehr genügend kühlen. Der «Turbo»-Kopf, das zentrale Nervensystem, wird nicht mehr genügend gekühlt.

Wir sind beim **«Plan C» angelangt... Körper, Geist und Seele können nicht mehr.**

Was kommt als Nächstes?

Dadurch, dass der Turbo nicht mehr ausschaltet, leidet man an chronischem Schlafmangel. Wie schon erwähnt, kommt der ganze Magen-Darm-Trakt durcheinander. Die Verdauung funktioniert nicht mehr richtig, das zu uns Genommene kann nicht mehr verwertet werden. Wir gehen zum Arzt, raffen uns nochmals auf, erzählen von den Magen- und Darmbeschwerden, von den Rückenbeschwerden oder vom Hexenschuss, der sich auch sehr oft in den Körper schiesst. Mehr erzählen wir nicht… Warum sollten wir auch… Der Arzt erzählt von einem möglichen Zwerchfellriss, dieser sei der Grund für das Sodbrennen und die schlechte Verdauung. Die vermeintliche Lösung: Magensaftblocker, eine Kortisonspritze in den Rücken. Doch durch die Medikamente wird die Aufnahme von Eisen im Magen leider auch abgeblockt. Nächste Folge: Eisenmangel, erst recht keine Energie mehr. Irgendwann steht eine Diagnose im Raum…

Burnout! «Plan C»

Dieses Drama, dieses Leiden, hat dann irgendwann mal einen Namen bekommen. Eben, wie schon erwähnt, Burnout, Erschöpfungsdepression, Antriebslosigkeit etc. etc. Mittlerweile eine Volkskrankheit!

Früher belächelt, nicht wahrgenommen, als rein depressiv abgestempelt… Doch: Nur mit der Erkennung des Problems ist es ja bekanntlich noch nicht gelöst. Man hat dann mal wenigstens ein Arztzeugnis in der Hand, das einen für ein paar Wochen, Monate von der Arbeit befreit, oder eine Überweisung zu einem Psychologen oder Psychiater. Je nachdem auch

eine Einweisung in eine spezielle Burnout-Klinik. Solche sind mittlerweile aus dem Boden geschossen wie Pilze. Aus ausgedienten, nicht mehr rentierenden, halbleeren Psychiatrie-Kliniken werden moderne Burnout-Kliniken.
Klar macht in bestimmten Fällen eine Klinik Sinn, aber nicht, wenn man mit Medikamenten beruhigt wird. Was nützt es, wenn man ein paar Wochen in einer Klinik sitzt, danach wieder zurückkommt und das Leben, das einen in die Klinik gebracht hat, weiterlebt, als wäre nichts gewesen? Gleiches Umfeld, gleicher Job, gleicher Antrieb, um Anerkennung zu bekommen, gleicher Stress, etc. …
Viele Klienten haben nicht realisiert, dass sie im Arbeitsmarkt nur eine Nummer sind, nicht mehr, nicht weniger. Sie sind ein Umsatzbringer, ein Dienstleister, ein Erfolgsfaktor, ein Profitobjekt. Nur machen sich zu viele noch Gedanken, wie es ohne sie ginge, was die anderen denken würden, die im Stich gelassen werden.
Nein! Wir müssen nicht an die anderen denken! Wir müssen nicht so schnell wie möglich an die Arbeit zurück, sondern:

Wir dürfen wieder gesund werden,
und dies in der Zeit, die es eben dazu braucht!

Lieber Leser, liebe Leserin, ich schreibe das nicht einfach so, sondern es sind die vielen Erfahrungen, die ich in den letzten Jahren mit solchen Klienten gemacht habe. Erst wenn die Ursachen aufgelöst wurden, konnten sie sich im Leben wie-

der behaupten. Man muss sein Leben wirklich um 180 Grad wenden. Wir müssen umkrempeln, aufräumen mit alten Vorgaben und Mustern.
Sehr oft hörte ich von Partnern solcher Klienten: «Sie/er ist nicht mehr dieselbe/derselbe!» Ja, das muss wirklich sein! Wenn einen das Leben an diesen Punkt, vielleicht sogar in die Klinik gebracht hat, kann und darf es danach nicht mehr gleich

sein. Ja, man ist dann (in der Regel) viel mehr bei sich, also sich selbst.
Wenn man viel zu lieb war, zu rücksichtsvoll, zu angepasst und sich dabei vergessen hat und über sein Selbst ging, musste es einmal zusammenfallen.
Wenn ich mit jemandem arbeite, kommt er zu sich zurück, die alten Muster werden aufgelöst und noch vieles mehr. Ja, erst dann fangen die Klienten an, den Mund aufzumachen, sie fangen an abzuwägen: Soll ich dies tun oder eben nicht? Man macht Probleme von anderen nicht mehr zu seinen eigenen. Man verabschiedet sich vom «Ja-Sager». Man lernt «Nein» zu sagen. Man liest nicht mehr am Feierabend, an Wochenenden geschäftliche E-Mails. Wir müssen den stetig fordernden Menschen-Seelen nicht mehr so viel Raum und Platz geben. Wir müssen nicht 24/7 präsent sein!
Wenn jemand das nicht einsieht, zum Beispiel ein Vorgesetzter, ist es sein Problem, und er soll es lösen! Wenn jemand ein Sklaventreiber ist, heisst das noch lange nicht, dass wir Sklaven sein müssen. Wenn wir selbst der Sklaventreiber sind, dürfen wir es gefälligst zur Seite legen, diese Zeiten sind schon sehr lange vorbei, in denen wir uns hätten treiben lassen müssen, erst recht von uns selbst.
Verliert man durch sein wiedergewonnenes ICH seinen Job, seine Partner, seine Freunde oder was auch immer, haben diese einen nicht verdient, und es kommt *immer* etwas Besseres.
Wenn ich jemandem sage, du musst dringendst aus dem Schneckenloch, hinaus in die Natur, du musst dich bewegen,

dein System muss wieder hochkommen, und dieser Jemand macht es nicht oder ändert nichts, ist es nicht mein Problem. Ich sage es ihm, weil die Gesundheit unser höchstes Gut sein soll, und in diesem Sinne arbeite ich. Ich muss das Kind beim Namen nennen, ich kann nicht jemanden mit Samthandschuhen anfassen, wenn es um die Gesundheit, ums Wohlbefinden geht. Das Leben ist genau in dieser Situation kein Ponyhof!
Ich sagte erst gerade zu einer Klientin, sie dürfte, müsse sich von Facebook, Instagram und sonst noch von «Ablenkungsbeschäftigungen» verabschieden, sie solle aufhören mit «Ich will» und übergehen zu «Ich mache, ich tue, ich gehe».
Klar gehe ich nicht mit allen gleich um, da jeder Klient ein Unikat ist, aber wenn jemand zu mir kommt, will er es aus dem höchsten Antrieb. Wenn sich Menschen wünschen, gesund zu werden, dann dürfen sie auch etwas dafür tun. Ja, vor allem, wenn man schon weiss, was zu tun ist… Ich nehme jemanden an die Hand, laufen muss er selber! Die erwähnte Klientin kam nicht mehr, da sie sich nicht bereit erklärte, etwas für sich zu tun… obwohl sie es hätte tun können… Schade…
 Gerne nehme ich dreckige und ungeschliffene Rohdiamanten unter meine Hände, wasche die Diamantenseele rein, schleife an ihrem Selbst. Die funkelnden Augen im Spiegelbild werden es mir danken. Noch so gerne spreche ich die Worte: «Ich bin stolz auf dich!»
Zudem… Wenn jemand sich einfach nur mit Medikamenten ruhigstellt, ist sie oder er auch nicht mehr derselbe oder dieselbe… und noch viel weniger sich selbst…

Wie verhält sich das Nervensystem?

Bei Schlafstörungen und beim Burnout spielt eben auch das ganze Nervensystem eine massgebliche Rolle. Es ist bei den erkrankten Menschenseelen vollkommen überlastet. Dass Rückenbeschwerden, Verspannungen, Hexenschuss und Kopfschmerzen Begleiterscheinungen sind, liegt auf der Hand.
Dies hat mit dem vegetativen Nervensystem zu tun, da dieses durch die ganzen Vorgänge im Gehirn und mit den Hormonausschüttungen völlig überreizt wird. Es ist eben nicht nur für die

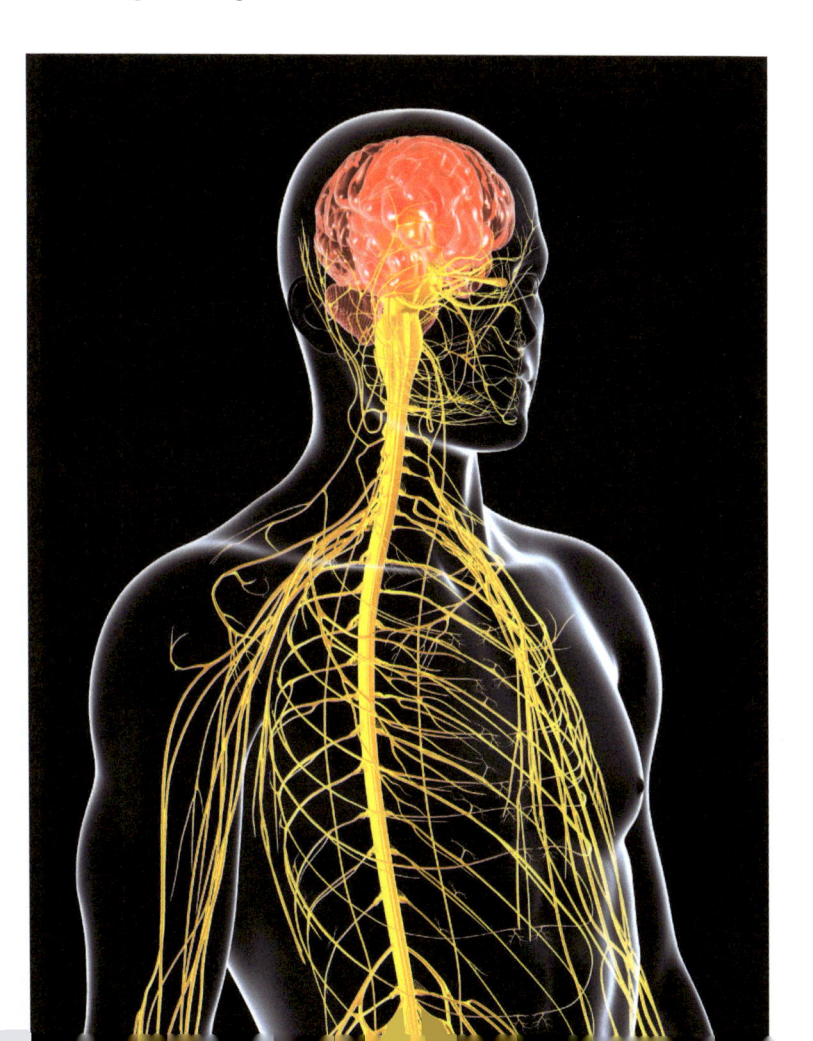

Steuerung der verschiedenen Körperfunktionen bei Stress und Anspannung zuständig. Nein, es ist ebenso für die darauffolgende Entspannung des ganzen Systems zuständig. Also es nimmt wahr und steuert, oder eben: Es sollte steuern. Nur kommt es dabei kaum mehr zur Ruhe. Wie eben die Brennstäbe in einem überhitzten Kernkraftwerk. Die Synapsen nehmen all diese Unruhe auf und leiten sie über die Nervenbahnen weiter. Aber weil das Nervensystem durch die Hormone fast funktionsunfähig gemacht wird, kommen die ausgesendeten Signale nicht mehr richtig an. Das Nervensystem bewirkt kaum mehr normale Funktionen, es wird sozusagen handlungsunfähig. Verspannungen am ganzen Körper sind die Folgen.

Wenn ich mit einem betroffenen Klienten arbeite, nehme ich das gesamte Nervensystem über meine Hände und mit meiner Hellfühligkeit wahr. Unter meinen Händen fühlt es sich jeweils an, als würde ich in ein Wespennest greifen. Es kribbelt und brennt nur noch. Ich spüre, wie die Nervenbahnen und Synapsen vibrieren. Eine völlige Überreizung am ganzen Körper, der Wirbelsäule entlang vom Becken bis hinauf zum Kopf.
Über meine Hellfühligkeit nehme ich diesen Körper über meinen Körper wahr. Der Körper des Klienten wird sozusagen in meinen Körper hineingespiegelt. Ich bin dann wie eine 1:1-Kopie des Klienten, solange ich mit ihm arbeite. Nach der Sitzung ist dieser Zustand innert Sekunden wieder weg, und ich habe meist auch keine Erinnerung mehr, was gewesen ist.
Im Kopf nehme ich so jeweils das grösste «Wespennest» wahr. Es ist wie ein leichtes Summen, ein Säuseln, Vibrieren, so ähnlich wie eine Hochspannungsleitung im Winter oder bei Nebel. Ich spüre jeweils das ganze System im Kopf wie einen Behälter, der schlussendlich seinen Inhalt über den ganzen Körper schütten möchte. Das Problem ist nur, dass das Auslassventil, der Hahn, klemmt. Ich nehme meist auch sehr grosse Ängste wahr. Das zentrale Nervensystem vibriert unaufhörlich. Ich spüre, dass dieser Kopf-Behälter sich entleeren möchte, aber irgendwie nicht kann. Er kriegt den Abflusshahn nicht auf ...
Dies wiederum hat mit dem Lymphsystem zu tun. Über das Lymphsystem wird der grösste Teil der Hirnflüssigkeit abtransportiert, nicht nur über den Blutkreislauf, wie früher angenommen wurde.

Das Lymphsystem

Eine kurze Erklärung dazu: In einem Tag entsteht in den Leerräumen des Gehirns ein halber Liter Hirnflüssigkeit. Diese Hirnflüssigkeit (Liquor) ist unter anderem auch ein Kühlmittel für unser Nervensystem, im Kopf und im Rückenmark.
Ist nun aber das Nervensystem völlig überlastet, mag auch die Kühlung nicht mehr nach. Es gibt eine Art «Hitzestau» im Kopf. Dies nehme ich, wie gesagt, wie ein Säuseln und Vibrieren wahr. Es fühlt sich dann an wie ein Dampfkessel, der kurz vor einer Explosion steht. Dieses Säuseln und Vibrieren überträgt sich via zentrales Nervensystem, über die Hirnflüssigkeit (Liquor) und das Rückenmark auf die gesamte Wirbelsäule. Die Spinalnerven übertragen es schlussendlich weiter bis zu den einzelnen Organen.

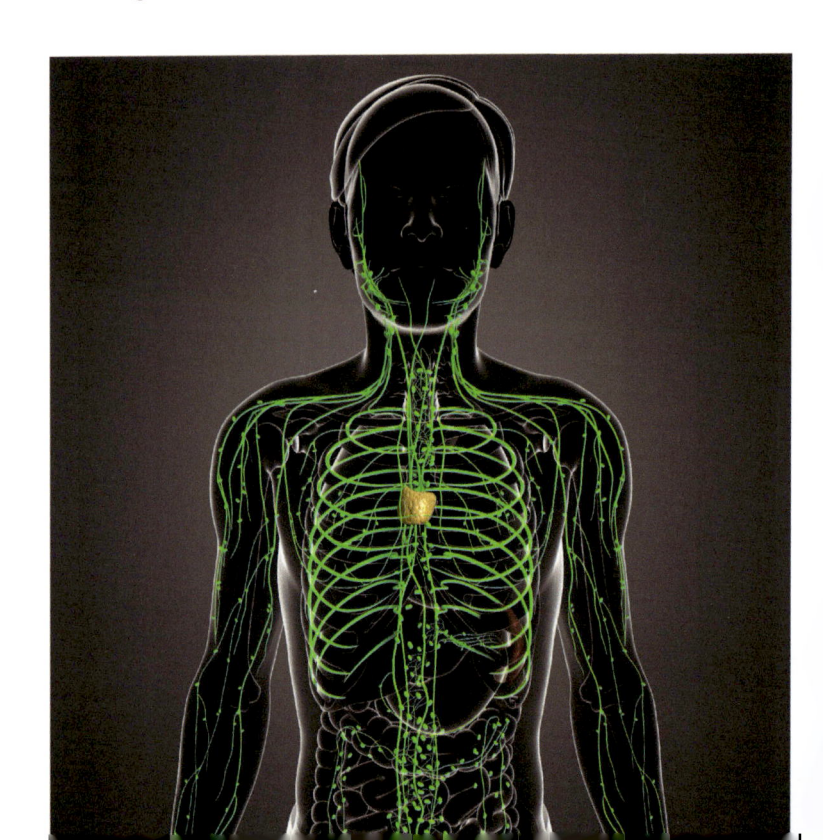

Was machen wir jetzt? Wie weiter?

Das ist jetzt *die* grosse Frage. Da wir ja kein Kernkraftwerk sind, das ein «Burnout» macht und das ganze System notfallmässig hinunterfährt, müssen wir es selbst in die Wege leiten, *ja, wir müssen!* Wie?

Darauf gibt es eigentlich nur eine Antwort:
Entspannung!
Wir müssen dringendst entspannen, entschleunigen!

Das ganze Nervensystem muss jetzt beruhigt werden. Das Kortisol muss dringendst wieder abgebaut werden, bevor es noch weitere Schäden anrichtet. Wie kippen wir den Hebel der Abwärtsspirale zurück?

Also, dringendster Schritt, Kortisol abbauen, Sauerstoffaufnahme erhöhen, Nervensystem beruhigen, Seele baumeln lassen etc.

Wie erwähnt, das Kortisol wird grösstenteils über das Lymphsystem abgebaut. Dies können respektive müssen wir durch körperliche Aktivitäten unterstützen. Das Kortisol wird nicht abgebaut, wenn wir im Trübsal baden, womöglich im Bett oder faul hinter dem Computer. Also aufraffen… Wir müssen jetzt, am besten mit der Unterstützung von Freunden, wenn noch welche da sind, etwas tun.

Viel Trinken, ein Muss

Trinken ist generell das Wichtigste für unseren Körper. Der Körper braucht Zirkulation, unsere Körperflüssigkeiten müssen in Schwung kommen, damit sie verschiedene schädliche

Giftstoffe ausscheiden können. Wichtig ist, dass wir täglich mindestens zwei bis drei Liter Flüssigkeit zu uns nehmen, damit die Körperzirkulation intakt ist. Ja, und dies mit Bewegung.

Bewegung

Regelmässige Bewegung ist jetzt wirklich ein Muss! 20 bis 30 Minuten am Tag und 4 bis 5 Mal in der Woche!
Der Liquor, die Hirnflüssigkeit, wird eben durch das Lymphsystem abtransportiert. Aber dieses kommt nur richtig zum Zuge, wenn wir es dazu bringen. Das Lymphsystem funktioniert nur einseitig, das heisst, die Flüssigkeit fliesst nur einseitig ab. Wenn wir uns bewegen, pumpt es die Flüssigkeit nach und nach ab. Die überreizte, brodelnde Hirnflüssigkeit gelangt so über die Lymphknoten, die Lymphgefässe und die Lymphbahnen wieder in den Blutkreislauf zurück. Das Nervensystem wird

durch die frische Hirnflüssigkeit wieder besser gekühlt. Der Kortisol-Abfluss beginnt wieder zu arbeiten.

Raus in die Natur

Die Natur gibt uns den ursprünglichen Rhythmus wieder zurück. Mit einem Spaziergang in der Natur kommen wir wieder Schritt für Schritt zu unserem ursprünglichen Lebenstempo zurück. Die Bewegung, die ruhige, gleichmässige Atmung bringt unserem Körper wieder mehr Sauerstoff. Durch die Bewegung und den guten Lymphfluss wird das Kortisol nach und nach abgebaut.
Bist du draussen, das Smartphone dringendst zuhause lassen, denn es ist deine persönliche Auszeit. Versuch wieder den Vögeln zuzuhören. Hör auf das Knistern unter den Schuhen. Hör dem Fluss zu. Riech die wunderbare Natur. Schau dir im Wald

die Bäume an, die Rinde, die Äste, die Wurzeln. Zieh Mutter Natur in dich hinein.
Gehst du in die Natur, um Sport zu treiben, geh es ruhig an. Bitte stress dich da nicht. Leichtes Joggen oder Walken, Schwimmen, Schneeschuhlaufen, Wandern oder Radfahren.

Auszeit

Gestern und heute waren zwei prächtige, sonnige Tage. Wenn ich am Schreiben bin, im Fluss bin, mich mit der Materie befasse, kann ich kaum aufhören. Je mehr ich mich vertiefe, desto effizienter kann ich schreiben. Diesen Ratgeber zu schreiben, motiviert mich enorm, es freut mich, ein «Instrument» für Betroffene zu schaffen, und ich hoffe, dass dabei etwas möglichst Hilfreiches herauskommt. Trotzdem befreite ich meinen Körper, meinen Geist und meine Seele für jeweils zwei Stunden vom Computer und begab mich in die Natur.
Das Vogelgezwitscher, das Schnattern oder Quaken der Enten am Weiher, die warme Sonne auf meiner Haut, der Kies unter meinen Schuhen und und und… Dies alles gab mir so viel Elan, Ruhe, Gelassenheit und Kraft, weiterzuschreiben, dass ich die «Breaktime» innert Kürze wieder wettmachte, dank den klaren, frischen Gedanken. Für mich als hyperaktiven Denker und Macher ist dies enorm wichtig. Aber jetzt wieder zurück zum Nervensystem, zur Entspannung.

Sport

Sport ja, aber nur auf einem vernünftigen Niveau. Nicht auf Leistung, sondern nur ruhige und gelassene Ausdauer mit einem nicht allzu hohen Puls. Limiten setzen in Bezug auf Leistung, Kraft oder gesteckte Ziele, sonst artet es gleich wieder in Stress aus. Der Stress im Sport spült sonst gleich wieder Kortisol in den Körper. Lass den MP3-Player oder das iPhone mit Kopfhörer zuhause. Höre auf die Natur und ihre wunderbaren Geräusche. Jogge nicht in einer Stadt, gehe in den Wald, an den See, an den Fluss, einfach in die Natur hinaus. Gemütliches, aktives Seele-baumeln-Lassen in der Natur lässt den Kortisol-Pegel wunderbar sinken. Aber bitte gemütlich!!

Meditation

Tägliches Meditieren ist neben der Bewegung eine sehr schöne Beschäftigung. Lass dich durch ruhige Meditationsmusik führen und fallen. Wenn du an einer geführten Meditation mitmachst, dann soll sie schön ruhig und bedacht sein und dem Körper, der Atmung viel Beachtung schenken.
Gehe auf YouTube und gib «Wie entspannt man sich?», «Musik zum Entspannen», «Entspannungsmusik» ein. Du wirst sehen, dass es wirklich für jedermann sehr schöne und beruhigende Musik gibt, in allen Varianten.
Ach, jetzt sagst du sicher, das kann ich nicht… Ich kann nicht meditieren… Doch, das kann wirklich jeder! Es gibt kein rich-

tiges Meditieren, keine Anleitung, wie man es handhaben soll. Man kann gemütlich auf dem Sofa sitzen, auf einer Yogamatte liegen, sich ins Bett legen oder eben draussen in der Natur meditieren. Wichtig dabei ist, sich Zeit zu nehmen dazu! Man kann das ja auch mit einer sportlichen Aktivität in der Natur verbinden. Sich beim Spazieren im Wald auf einer Bank niederlassen und dreissig Minuten einfach nur der Natur zuhören. Naturklänge sind extrem beruhigend!

Sich an einen See setzen

In meiner grössten Krise in den Jahren 2002 und 2003, als ich alles verloren hatte, sprich weder Bett, Geld noch eine Krankenkasse hatte, begab ich mich jeweils an den Zürichsee. Ich zwang mich regelrecht, nichts zu tun. Ich war auch körperlich an einem absoluten Tiefpunkt. Ja, ich weiss selbst, was es heisst, ein Burnout zu haben… Mein ganzer Kampf ums Überleben, materiell und psychisch, brachte mich damals an diesen Punkt. Es stresste mich, kein Geld, keine Ehre und kein Essen, keine Krankenkasse mehr zu haben, nicht mehr für meine Kinder sorgen zu können und und und. Und das als Macher und kreativer Unternehmer. Ja, ich war immer auf der Überholspur unterwegs gewesen. Mein Spruch damals war immer gewesen: «Wo

ein Wille ist, ist ein Weg, wo Frautschi ist, ist eine Autobahn mit Überholspur ...»
Ja, und so durfte ich jeweils unten am Zürichsee wieder zu mir kommen. Ich konnte ja nichts mehr verlieren, das hatte ich schon hinter mir. Ich lernte wieder, «den Vögeln und Möwen in den Arsch zu schauen, als sie vorbeiflogen». Ja, und ich lernte es... auf die harte Tour, aber... es ging ...
Einen Monat später habe ich mein erstes Buch, «Die Wirbelsäulen-Seele», zu schreiben begonnen. Heute ist es ein Longseller, über 14 000 Mal verkauft! Ich wusste, dass aus dem Fluch, «viel zu viel Zeit» zu haben, ein Geschenk werden durfte.

Musik hören

Gerade vorhin schrieb mir mein Sohn, ein fürchterlicher Zappel: «Papi, kannst du mir deine Playlist geben von deiner Praxismusik. Ich kann super lernen, wenn ich dabei klassische, ruhige Musik höre… Es schwingt dann jeweils noch lange nach…»
Ja, klassische, ruhige Musik zu hören, immer und überall, lässt uns vieles gelassener angehen.
Ich gehe sehr gerne, und so oft wie möglich, an klassische Konzerte. Es ist eine wunderbare Auszeit, die ich wenn möglich mit einem gemütlichen Essen vorher verbinde.

In meiner Praxis läuft immer ruhige, klassische Musik im Hintergrund. Meine Sammlung beläuft sich mittlerweile auf über 2500 Musikstücke, die ich über eine sehr gute High-End-Anlage beim Arbeiten aufsauge.

Was auch wunderschön ist: selbst Musik zu machen! Man kann ja anfangen, ein Instrument zu erlernen. Es muss nicht gleich Klavier sein. Panflöte, Gitarre, oder als Schweizer Alphorn, sind ebenso schöne Instrumente zum Erlernen. Die Hauptsache: Mach es von Herzen, egal wie es anfangs klingt…

Sauna, Wellness

Wellness durch Wärme: Saunieren, Dampfbad und Hamam. Durch die Abwechslung von Heiss und Kalt wird das ganze «Kühlsystem», also das Lymphsystem, aktiviert.

Die Hitze aktiviert unsere Drüsen. Zusätzlich verlassen durch das Schwitzen Schadstoffe den Körper. Wichtig ist auch, dass man sich nach Dampfbad und Sauna gut abkühlt. Am besten im kalten Wasserbecken, so wird das Lymphsystem optimal aktiviert.

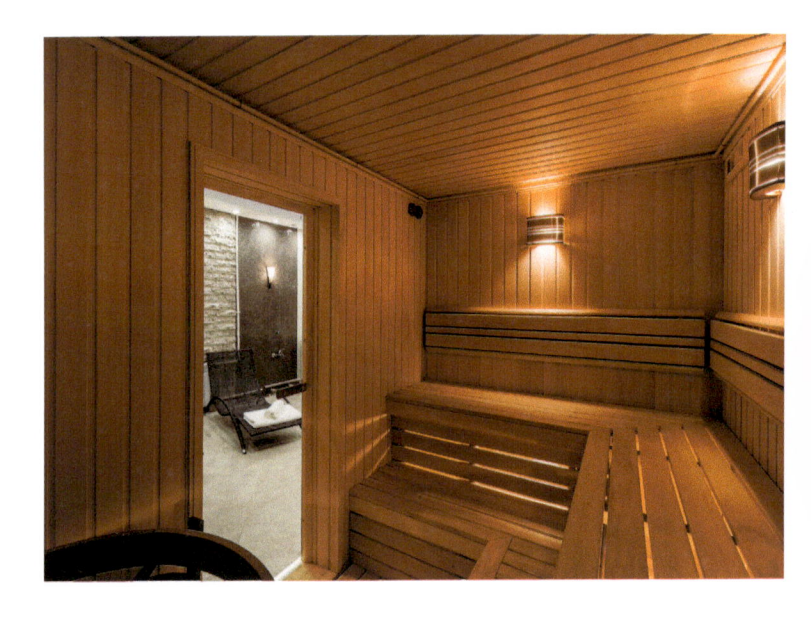

Malen

Ja, auch Malen, egal wie oder was, ist sehr beruhigend. Es geht einfach generell darum, dass man über eine bestimmte Zeit wirklich nur das Eine tut!

Nimm dir Zeit für das, was du tust!

Oldtimer

Sich einen Oldtimer, egal ob Fahrrad, Motorrad oder Auto, anzuschaffen, sich mit diesem auch auseinanderzusetzen, ist eine sehr schöne Beschäftigung. Wenn ich jeweils mit meinem Hippie-Bus T2, Jahrgang 1978, unterwegs bin, bleibt die Zeit irgendwie stehen.
Es ist eine wunderschöne Herausforderung, ohne Servolenkung, Klimaanlage und sonstigen Schnickschnack über einen Schweizer Pass zu fahren. Die hupenden BMWs und Porsches gehen mir dann jeweils «am Arsch vorbei». Es ist immer ein cooles Gefühl. Bei sich, sich zu sein ...

Wie oft?

Wie oft soll ich mir diese oben erwähnten Aktivitäten hineinziehen? Ja, möglichst oft! Es nützt nichts, wenn ich mich einmal in der Woche in ein Yogastudio zwänge, mit der Gummimatte unter dem Arm, und dann 50 Minuten den Anweisungen der Lehrperson folge, um anschliessend gleich wieder zum Bus zu hetzen... Nein, das ist nicht wirklich eine Entspannung, es gibt einem höchstens für den Moment, und vor den Freunden, ein gutes Gefühl. Wir müssen dieses Entschleunigen wirklich zu einem festen Bestandteil unseres Lebens machen.
Schliesslich haben wir uns ja in Vergangenheit auch mit einem Tunnelblick zum Leben auf der Überholspur entschieden. Das liebe «Kino im Kopf», oder eben der «Turbo im Kopf», kam ja nicht einfach so, mit einem ausgeglichenen Leben, oder? Also brauchen wir eben Zeit, um wieder zu unserer inneren Zufriedenheit, Ausgeglichenheit und Ruhe zu kommen.

Essen, Ernährung

Ja, sehr wichtig ist auch, dass wir ausgeglichener und gesund essen! Von allem etwas. Das Essen soll unbedingt Spass machen! Auch sollten wir es möglichst selbst zubereiten. Ein Teller soll möglichst bunt und farbig aussehen. Ein sehr wichtiger Punkt ist auch das Würzen. Es darf mal salzig, mal süss, mal sauer, mal scharf sein. Man sollte keinen Gedanken daran verschwenden, ob «man» es so oder so zubereiten soll. Auch mal mit den Gedanken in die Kindheit zurück! Was hat mir früher Spass gemacht, was habe ich gerne gegessen? Was habe ich heimlich gegessen?... Zum Beispiel Butterbrot mit Zucker... ohne schlechtes Gewissen... oder Schokolade, die für jemand anders gedacht war...
Die Freude auf das Kochen und Essen soll wieder geweckt werden. Man kann das Essen auch einmal lustig anrichten. Ein Smilie mit zwei Tomaten und einer Wurst soll ruhig seinen Platz haben. Es muss nicht immer gleich dem «Hype» folgen, vegan oder vegetarisch zu sein. Wenn man dies trotzdem versuchen möchte, soll man sich dringendst schlau machen und dafür sorgen, dass man von allen Nährstoffen genug aufnimmt. In Anbetracht dessen, dass unser Gehirn 20–30% unserer Energie-Ressourcen benötigt, ist es umso wichtiger, sich bei geistigem Stress entsprechend sinnvoll und reichhaltig zu ernähren.
Als Beispiel, vollwertig essen und trinken hält gesund, fördert Leistung und Wohlbefinden. Eine vollwertige Ernährung liefert ausreichend, aber nicht zu viel Energie (Kalorien) und alle lebensnotwendigen Nährstoffe wie Vitamine, Mineralstoffe,

Protein (Eiweiß), Fette, Kohlenhydrate, Ballaststoffe sowie sekundäre Pflanzenstoffe.

Das Wichtigste aber, wenn es ums Essen und Kochen geht: die Zeit! Nimm dir jeden Morgen fünf Minuten Zeit, um einen frischen Orangensaft zu pressen oder einen feinen Smoothie zuzubereiten.

Nimm dir Zeit zu allem, zum Kochen, zum Essen, mit einem Glas Wein, aber bitte nicht gleich die ganze Flasche, sonst sind wir dann schnell beim nächsten Thema…

Suchtmittel

Ja, alles, was irgendwie übertrieben wird, ist Sucht! Da fangen wir gleich mit dem Suchtmittel Smartphone, dem Laptop, dem Tablet an. Beschränke die Zeit, die du mit diesen Geräten verbringst, aufs Minimum, denn deine Lebenszeit ist kostbar. Diese Geräte sollen nicht mehr Beschäftigung sein, sondern unserem Leben einen Nutzen bringen. Schliesslich haben wir früher das Telefon ausschliesslich für ein Gespräch benutzt, als Hilfsmittel zum verbalen Austausch. Reduziere den Umgang mit den elektronischen Medien wirklich auf das effektiv Nützliche und Sinnvolle. Schau im Zug, im Tram, auf dem Sessellift oder wo auch immer möglichst in die Natur hinaus. Sie hat unheimlich viel zu bieten!
Alkohol, ja, Alkohol soll auch nur ein Genussmittel sein – oder wieder eines werden. Sehr oft ist man in einem Burnout einer Sucht sehr nahe. Man versucht den Kopf etwas ruhiger zu kriegen, mit einem Glas Wein… zweien… dreien… und schon wird es zum Problem.
Dasselbe gilt für das Rauchen wie auch für die anderen Drogen. Nehmen wir das Kiffen, es verändert das Gehirn. Auch wenn jetzt viele sagen, das stimme nicht, stimmt es eben doch. Ich spüre jeweils einem Klienten an, ob er kifft oder nicht. Mit der Zeit verändert das Kiffen die Hirnströme, man wird lethargisch und teilweise teilnahmslos. Man hat dann erst recht keinen Biss mehr auf Veränderung. Man legt immer mehr einen Deckel auf das Ganze. Doch irgendwann mal ist zu viel unter dem Deckel… Man nimmt dann erst recht am Leben nicht mehr teil. Ja, und eben, wenn es dann im Zusammenhang mit einem

Burnout noch ein Thema ist, wird es sehr schwierig, da wieder hinauszukommen.

Ach ja …

Da wir schon beim Thema Sucht sind… Sehr oft geraten auch Personen, die regelmässig Drogen oder Alkohol konsumieren, in ein Burnout oder fallen in eine tiefe Depression. Wenn wir bedenken, dass in der schönen Banken- und Börsenstadt Zürich pro Tag 1 bis 1½ Kilogramm Kokain konsumiert werden, müssen wir uns nicht wundern, dass dies eben auch seine Auswirkungen hat. Der grösste Teil dieser Menge wird tagsüber eingenommen! Also vor und während der Bürozeit. Doch wieder zurück zu den normalen Aktivitäten…

Niederschreiben und verbrennen

Nimm wo immer möglich einen Notizblock, ein Blatt Papier und einen Schreiber mit. Schreib auf, was dich beschäftigt, stresst und nervt. Immer und immer wieder. Danach verbrenne das Aufgeschriebene und stell dir dabei vor, dass es auch aus deinen Gedanken verbrannt wird. Schreib auch vor dem Einschlafen alles nieder, wenn du keinen Schlaf findest, und verbrenne es womöglich gleich, spätestens am Morgen danach.

Als Beispiel: Der stressige Tag lässt mich nicht schlafen… Also, aufschreiben und verbrennen… mit den Gedanken «Ich bin frei in meinen Gedanken…»
Schreib deine Wünsche auf. Aber bitte verwende da nur positive Worte. Nicht: Ich will stressfrei sein… sondern zum Beispiel so: Ich bin frei im Tun und Handeln. Ich geniesse das ruhige Leben… oder so. Das Wort «Stress» lasse weg.

Einmal im Tag abschreiben

Schreib diese positiven Sätze einmal im Tag von Hand ab und verbrenne sie danach im Freien. Auch wenn du im Moment noch nicht an die Sätze glaubst, irgendwann kommen sie in deiner Seele an!

- Ich danke, dass ich Liebe empfangen darf.
- Ich danke, dass ich Liebe spüren darf.
- Ich danke, dass ich Liebe sein darf.
- Ich danke für meine Wahrnehmungen und Empfindungen.
- Ich danke für meinen ersten Schritt.
- Ich danke für meinen Selbstwert, mein Selbstvertrauen und meine Selbstsicherheit.
- Ich danke für meine wunderbaren Gedanken.
- Ich danke für seelische, körperliche und geistige Liebe.
- Ich danke für mein Leben in Liebe.
- Ich bin jetzt ganz frei.
- Ich danke für alles Neue und Gute.
- Ich danke für meinen neuen Weg des Lebens.
- Ich LIEBE mich!
- Ich bin ein Wunder.
- Ich bin Glückseligkeit.
- Ich bin gelassen und ausgeglichen.

Ja, liebe Leserin, lieber Leser, es hilft wirklich, glaub es mir. Nichts ist aussichtslos.
Als ich früher in den Spiegel sah, hasste ich mich… Irgendwie war ich anders oder ich sah mich so…

Ich habe mir dann selbst eine sehr schwierige Aufgabe gegeben, vermutlich die schwierigste überhaupt, die man sich im Leben geben kann. Diese verdammt schwierige Aufgabe war:

Stell dich vor den Spiegel und sage:

«Ich liebe mich! Ich bin wertvoll, wie ich bin, in meinem So-Sein!»

Sag dies immer und überall, hunderttausendmal im Tag, vor jeder spiegelnden Fläche, schau in eine spiegelnde Pfütze und sag es, dreh im Auto den Rückspiegel zu dir und sag es, richte dein Smartphone auf dich, als wolltest du ein Selfie machen, und sag es… immer und überall, wo du in deinem Leben bist…

Ja, nach gefühlten 10 000 Jahren kam es dann bei mir auch an… Ich weiss wirklich nicht, wie lange ich geübt hatte, aber sicher Monate.
Und das Resultat, irgendwann, eines Morgens: Meine Mundwinkel zeigten nach oben, und ich hatte ein Lächeln im Gesicht!
«Ich liebe mich! Ich bin wertvoll, wie ich bin, in meinem So-Sein!» War angekommen und ging nie mehr weg… Und ich sage es heute immer noch, und es lohnt sich, mein eigenes Lächeln belohnt mich!
«Ach ja, lächelst du in einem Saal mit 1000 Spiegeln, lächelt es 1000 Mal zurück!»

Natürliche Mittel, Urtinkturen, Essenzen

Um den Körper, den Geist oder die Seele zu beruhigen, können natürliche Mittel, wie zum Beispiel Urtinkturen, den Prozess unterstützen. Es sind auch Mischungen von verschiedenen Komponenten möglich. Aber bitte, lass dich da unbedingt beraten, was wie wirkt und mit was es zusammen eingenommen werden darf.
Es eignen sich folgende Urtinkturen, teilweise auch als Gemisch: Steinklee, Hopfen, Baldrian, Johanniskraut, Zitronenmelisse, Passionsblume, Rosenwurz, Schlafbeere, Kleines Fettblatt, Ginkgo, Indisches Basilikum, Schisandra.

Dies die gebräuchlichsten, aber eben, bitte frag dringend den Fachmann! Es muss auch da auf eventuelle Medikamente Rücksicht genommen werden, sonst verlieren diese ihre Wirkung, zum Beispiel bei Johanniskraut.

«Last but not least» – zu guter Letzt, Ursachen auflösen

In den letzten zwanzig Jahren durfte ich über 10 000 Klienten unter meinen Händen haben. Davon ist mittlerweile etwa jeder dritte von den erwähnten Leiden betroffen. Ja, es gibt leider immer mehr Betroffene mit diesen Beschwerden. Laut Statistik entfielen im Jahr 2016 32 Prozent der Absenzen am Arbeitsplatz auf psychische Krankheiten. Magen-Darm-Beschwerden sind der zweithäufigste Grund für Absenzen.

Ich habe erwähnt, wie ich die Klienten wahrnehme. Sie sind in meinen Körper gespiegelt, ich nehme sie somit wahr, noch bevor ich im Raum bin. So weiss ich, wo der Schuh drückt, wie man so schön sagt. Ich weiss im Vorfeld von niemandem etwas, weder Namen, Alter noch Geschlecht, kenne keine Geschichten und keine Gebrechen und Leiden. Aber ich spüre und sehe sie mit meinen Fähigkeiten. Mit meinen Händen nehme ich den Körper noch mehr wahr und bekomme dabei die Geschichten, die Ursachen mitgeteilt. Diese Ursachen löse ich dann auf. Mit meinen Händen löse ich der ganzen Wirbelsäule entlang die Verspannungen, bis hinauf zum Kopf. Ich beruhige die Nervenbahnen, besänftige sozusagen das ganze Nervensystem. Dadurch kann der Klient wieder viel ruhiger und gelassener durch das Leben schreiten. Und vor allem: schlafen! Aber: «Gut Ding will Weile haben.» Es braucht Zeit und mehrere Sitzungen, bis wir dorthin kommen, wo wir sein dürfen. Schliesslich haben meist Leidensgeschichten von Jahren, Jahrzehnten zu diesem Zustand geführt. Ich möchte an diesem Punkt jedoch nicht weiter auf meine Arbeit eingehen, es würde den Rahmen dieses Buches sprengen. Jedoch darf ich dich auf meine anderen Bücher verweisen, in denen ich alles sehr ausführlich und mit Praxisbeispielen beschreibe.

Dadurch, dass ich immer mehr Unternehmer und Managerinnen und Manager in der Praxis habe, erkannte ich, dass das Thema Burnout in der heutigen Zeit eine gezielte, spezielle Behandlungsmethode braucht.

«Free your Mind»-Konzept

Zudem biete ich mit meinem speziell für Führungspersönlichkeiten entwickelten «Free your Mind»-Konzept eine Möglichkeit, diese krankmachende Stress-Spirale zu durchbrechen: Den Kopf leeren. Denkblockaden lösen. Druck abbauen. Verspannungen im Bereich der Wirbelsäule lösen. Ruhe finden. Und den Energiefluss neu aktivieren. Das ist es, was ich mit meinen goldenen Händen erreichen kann. Und was ich in mehr als 20 Jahren Tätigkeit bereits mit dem von mir entwickelten Wirbelsäulenseele-Therapieangebot geschafft habe. Bei mehr als zehntausend Klienten. Darunter auch zahlreiche Managerinnen, Manager, Spitzensportlerinnen und Spitzensportler, Politikerinnen, Politiker und Persönlichkeiten des öffentlichen Lebens.

Der Ablauf dieser speziellen «Free your Mind»- Therapiemethode ist sehr persönlich und diskret. Um ein Höchstmass an Privatsphäre und Diskretion garantieren zu können, finden Behandlungen ausschliesslich an Samstagen statt: Ankommen in der schön gelegenen, stilvollen Praxis mit Blick auf den Zürichsee – übrigens eine Smartphone-freie Zone!

Die Termine kann man via www.turbo-im-kopf.ch direkt und unkompliziert buchen und bezahlen. Schnell und effizient, wie man es aus dem Business gewohnt ist.

Was sollte man als Fachperson wissen?

Psychologen, Psychiater, Therapeuten sollen mit betroffenen Patienten lösungsorientiert arbeiten. Sie dürfen die Menschenseele aufbauen, coachen, motivieren. In einer Wunde herumzuwühlen, nach dem Wieso oder Warum zu fragen, in der Vergangenheit herum zu forschen bringt niemandem etwas. Die Vergangenheit kann niemals geändert und auch nicht rückgängig gemacht werden. Die effektiven Ursachen liegen meist viel, viel tiefer, als man annimmt. Man muss dem Neuen positiven Raum und Platz geben, dann verschwindet das andere so oder so. Ich spreche fast nie mit Klienten, komme aber trotzdem ans Ziel, sehr effizient. Wenn ich spreche, motiviere ich, gebe Impulse, gebe Visionen, einen Fokus. Ich berühre die Klienten dort, wo nur die wenigsten in einer solchen Situation Zugang haben, in der Wirbelsäulen-Seele. Dies ist die tiefste Berührung, die ein Mensch erfahren kann.

Was ist mit den Angehörigen?

Wenn ein nahes Familienmitglied, ein Partner, Freunde oder Kollegen an einem Burnout erkranken, leidet das Umfeld sehr oft mit. Da die Erkrankung ein schleichender Prozess ist, wird sie nicht gleich erkannt. Die Erkrankten sind in der Regel ja sehr hilfsbereit, teilweise aufopfernd und gutmütig. Klar vergessen sie sich sehr oft selbst, aber einem Lebenspartner fällt das häufig erst sehr spät auf. Die Betroffenen versuchen es auch möglichst lange zu verbergen. Sie schweigen und schämen sich, dass sie nicht das sein können, was sie möchten. Auch wenn sie die Situation dann einmal klar erkennen oder die Diagnose bekommen haben, halten sie ihren Lebenspartner oft auf Abstand. Sie «fressen» erst recht alles in sich hinein. Verschliessen sich noch mehr…

Hilfe von den Angehörigen schlagen sie oft aus. Man kommt nur sehr schwer an sie heran. Man empfindet dann als Aussenstehender selbst eine grosse Hilflosigkeit, Stress, Überforderung, Angst, Mitleid, Hass, Wut und Liebe zugleich. Man ist dann auch sehr erschöpft und schwach. Der Konsum von Alkohol und anderen Suchtmitteln ist in solchen Momenten eine grosse Verlockung, weil man etwas braucht, um die Situation zu ertragen respektive zu verdrängen. Dies ist jedoch die schlechteste Lösung…

Die Belastungen in Partnerschaften und Freundschaften werden zu einer grossen Zerreissprobe, vor allem dann, wenn nur sehr schwer ein Dialog zustande kommt.

Schuldgefühle, Überbesorgnis und Selbstvorwürfe aufgrund der eigenen Hilflosigkeit auf der einen und Entmutigung und Wut auf der anderen Seite lassen die Angehörigen stark mitleiden. Das ist auch ganz klar verständlich.

Nur, was machst du dann als Angehöriger? Man möchte ja nicht tatenlos zuschauen.

- Gib möglichst wenige Ratschläge, sie werden sonst als Rügen wahrgenommen («Ratschläge sind Schläge»). Viel wichtiger ist, dass du ruhig und verständnisvoll zuhörst. Gib nur dann Ratschläge, wenn du danach gefragt wirst.
- Bedenke, dass dein Angehöriger erkrankt ist. Er fühlt sich nicht mehr im Stande, seinen Pflichten nachzukommen oder Zeit mit dir zu verbringen. Schlage ihm vielmehr vor, dass er sich mit engen Freunden oder Bekannten unterhalten, treffen soll.
- Sag dem Erkrankten, dass es sehr schwer ist, selbst da herauszukommen. Unterstütze ihn bei der Suche nach einem vertrauensvollen Therapeuten.
- Alles, was du sagst, sollte motivierend und aufbauend sein. Dreh seinen Rückspiegel nach vorne, dort ist der einzige Weg! In der Vergangenheit herumzuwühlen bringt absolut nichts, da man sie nie mehr ändern kann.
- Motiviere ihn, in die Natur hinauszugehen oder gar etwas Sport zu machen.
- Erwarte nur kleine Schritte.
- Nimm die Zurückweisungen nicht persönlich, egal welcher Natur sie sind.

- Achte unbedingt auf deine eigenen Bedürfnisse. Geh unter Freunde, lenk dich ab. Triff dich mit einem guten Bekannten, rede… Such nach Leuten, die selber Ähnliches erlebt haben. Such erfahrene Therapeuten, die auch dir mehr zur Sichtweise des Betroffenen erklären können.
- Erkläre dem Betroffenen, dass es jetzt einfach so sei, als würde er für eine längere Zeit ins Ausland gehen. Es würde dann an der Arbeitsstelle, im Sportverein oder wo auch immer auch ohne ihn gehen.
- Burnout ist Timeout!

Und ganz wichtig: Gib acht, dass du selbst nicht auch in ein Burnout fällst!!

Multitasking funktioniert nicht!

Mehrere Sachen gleichzeitig zu erledigen, auszuführen, abzuhandeln etc. geht definitiv nicht! Sehr oft verzetteln sich sonst schon stressgeplagte Menschenseelen gleichzeitig in verschiedenen Aufgaben. Wenn wir sonst schon am Anschlag sind, sollten wir wenigstens Ordnung in verschiedene Abläufe bringen. Multitasking lässt dich unkonzentriert arbeiten, dabei entstehen Fehler, und du arbeitest viel langsamer und ineffizient. Achte sehr darauf, dass du Regenerationspausen brauchst. Lerne, Stopp und Nein, zu sagen!

Wenn du sowieso schon gestresst bist und dich manchmal überfordert fühlst, solltest du heute beginnen, in einem Moment nur eine Sache zu tun. Das kostet nur die Energie, die du für «das Eine» brauchst. Am Arbeitsplatz erledige immer nur die wichtigste Arbeit, die wichtigste Aufgabe, und diese dann aber bis zum Ende. Das gibt dir ein gutes Gefühl und Wertschätzung für dich selbst. Sag NEIN, wenn man mehr von dir verlangen will. Bleib konsequent bis zum Schluss der wichtigsten Arbeit oder Aufgabe. Erst dann beginne mit einer neuen Aufgabe. Auch wenn du jetzt denkst: «Doch, ich kann das ...», belügst du dich selbst. Arbeitest du regelmässig zu viel und machst fast täglich Überstunden, bist du nicht organisiert oder am falschen Arbeitsort. Du bestimmst dein Leben, 24 Stunden am Tag.

Dasselbe gilt zuhause bei der Familie, beim Partner oder bei der Partnerin: Wenn du nach Hause kommst, gib dich dem voll und ganz hin! Setz dich hin und kommuniziere mit deinen Nächsten. Dabei bleibt das Smartphone beim Eingang neben dem Schlüsselbund liegen. Musst du etwas am Computer erledigen, mache nur das, und nicht noch tausend Dinge sonst, bis es erledigt ist. Dann kümmere dich wieder um deinen Partner oder deine Partnerin. Am Tisch beim Essen wird nur gegessen und gesprochen. Nur so erfährst du die wichtigsten News und Dinge, die dein Leben bereichern. Keine Tagesschau oder Nachrichten dazu! Diese sind eh zu 90 Prozent nur negativ. Hast du Kinder, höre ihnen zu. Wenn alle fertig gegessen haben, bleibt sitzen und redet weiter, über Gott und die Welt, wie man so schön sagt. Das, was du bei solchen «Küchentischgesprächen» erfährst, wirst du später nie mehr erfahren... und du kannst diese Gespräche später auch nicht mehr nachholen!

Das ist das Leben, das auf dich wartet! Nicht die oberflächlichen Dinge in den sozialen Netzwerken. Tue alles, was du tust, bewusst. Und eben, nur das Eine, ohne Wenn und Aber. Hast du Kinder, nimm dir auch ab und zu eine «Kinder-Auszeit», nur du alleine mit dem Partner oder der Partnerin. Triffst du Freunde, lass dich auf sie ein, und das Smartphone bleibt in der Hosentasche oder in der Handtasche. Deine Freunde sind es dir wert!

Und jetzt mal ganz ehrlich zu dir …

- Du hast allgemein zu viel Stress, kannst nicht abschalten, kannst dich nicht erholen.
- Du hast die Freude an deiner Arbeit verloren, kannst dich nicht mehr motivieren dafür, distanzierst dich sogar.
- Wenn ein Arbeitskollege ausfällt, bist du der erste, der seine Arbeit macht.
- Du hast das Gefühl, zu wenig Anerkennung und Aufmerksamkeit zu bekommen, egal wo.
- Du vernachlässigst Freunde und Familie, meidest soziale Kontakte und Aktivitäten.
- Du bist dir fremd, hast das Gefühl, du seist eine Maschine.
- Du fühlst dich über eine längere Zeit leer, antriebslos, lustlos.
- Du leidest unter Schlafstörungen, Schlafmangel, Magen-Darm-Beschwerden, Kopfschmerzen, Rückenschmerzen, Zähneknirschen, Schwindel, Bluthochdruck, Herzrasen, Nieren- und Blasen-Beschwerden, Infekten, Tinnitus oder Hexenschuss.
- Du konsumierst vermehrt Suchtmittel wie Tabak, Alkohol, Medikamente, Drogen.
- Dein Mobilphone ist zu einem neuen Körperteil geworden.
- Dein geschäftlicher und privater E-Mail-Account muss immer sofort aktualisiert und bearbeitet werden, auch ausserhalb der Bürozeiten.
- Du bist, etwas salopp ausgedrückt, «am Arsch …»
- Du bist 24/7 erreichbar.
- Arbeitest du, um Aufmerksamkeit zu bekommen?

Dann...

...wird es höchste Zeit, dass du lernen darfst: Nein zu sagen! Auch wenn es anfangs unmöglich scheint, wird es immer besser gehen. Wenn du so weiter funktionierst wie bisher, ist schlussendlich niemandem geholfen, am wenigsten dir selbst.
Fange an, Prioritäten zu setzen. Es geht nicht ohne Abstriche! Setz auf Qualität, nicht Quantität. Leistung muss nicht mehr zuoberst stehen. Strebst du nach Perfektion, wirst du dein Ziel wahrscheinlich nie erreichen!
Du bist der wertvollste Mensch auf diesem Planeten Erde! Also trag Sorge zu dir. Du brauchst eine ausgeglichene Ernährung, genügend Schlaf, viel Bewegung und ein gutes soziales Umfeld. Hast du den Bezug zu dir selbst verloren, ziehe eine nahestehende Person bei, die dir hilft, auf dich achtzugeben, die dich auch mal zum Glück zwingt!
Vergiss Multitasking. Das ist Schnee von gestern, und der ist ja bekanntlich schon lange geschmolzen. Mach eins ums andere. Mache etwas wenn immer möglich fertig, Unterbrechungen stören deine innere Ruhe und stressen nur. Übe es, und sei konsequent dabei.
Ach ja, etwas vom Wichtigsten, vermeide digitalen Stress! Lege dein Smartphone so oft es geht beiseite. Stell es auf «Lautlos», deaktiviere Push-Nachrichten, aktiviere regelmässig, wenn du konzentriert an einer Arbeit bist, den «Nicht stören»-Modus. Rufe nur wenn dringend notwendig deine E-Mails ab. Melde dich, wenn möglich, von allen Newsletter ab!
Vergiss nicht, die Welt dreht sich auch ohne dich weiter, auch wenn du nicht immer auf dem neusten Stand des Weltgesche-

hens bist. Verfolge nur positive Meldungen und Geschehnisse!
Gehe wieder einmal ins Kino, konzentriere dich wieder einmal nur auf den Film, auf dessen Handlung, auf Botschaften, die er verbirgt, suche den Spassfaktor – und vor allem, schalte das Smartphone aus, bis du wieder zuhause bist! Gehe gemütlich essen mit Freunden und dir nahestehenden Personen, eben auch da, ohne Smartphone. Gehe in die Natur hinaus, lass sie in dich hineinfliessen, ohne Musik, sondern nur mit den Naturklängen und Geräuschen dieser wundervollen Welt.
Versuche auf Suchtmittel zu verzichten! Sie verschlimmern schlussendlich nur alles umso mehr.
Trage Sorge zu dir, denn es gibt dich nur EINMAL!
Ich glaube an dich, ich bin stolz auf dich und dein SO-Sein.

Christian Frautschi

Das Leben ist kein **Aprilscherz,** darum fange **heute** an damit, lebe. **Es ist dein Leben.** Tu, was du **liebst** und **tu es oft.** Wenn dir etwas nicht gefällt, **ändere es.** Wenn dir dein Job nicht gefällt, **kündige.** Solltest du auf der Suche nach der **Liebe** deines Lebens sein, **lass es;** sie wird dich finden, wenn du **anfängst** die Dinge zu tun, die du liebst. **Hör auf,** alles zu analysieren, **das Leben** ist einfacher als **du denkst.** Alle Gefühle sind **wertvoll.** Wenn **du isst:** Geniesse **jeden** Bissen. Wenn Du **atmest,** zieh **das Leben** in dich hinein. Wenn Du **denkst,** denke **Deine** eigenen **Gedanken,** egal was Andere denken. Wenn Du **gern** einfach nur zum Himmel schaust, **leg Dich** hin und **schau** den Vögeln in den **Arsch.** Öffne deinen **Geist,** deine **Arme** und dein **Herz** für neue **Menschen** und **Dinge;** unsere Unterschiede **sind wertvoll** und inspirieren, uns **selbst** zu sein. Geh auf die **Reise deines Lebens,** ohne **Wegweiser,** denn das ist der Weg. Du brauchst **kein** Ziel, sondern **deine Füsse.** Das Leben dreht sich um die **Menschen,** die du triffst und Dinge, die du mit ihnen **erschaffst.** Also **zieh los** und **erschaffe** etwas. **«Life** is too **short».** Das **Leben** ist **zu kurz;** also lebe **deinen Traum** und Teile deine **Leidenschaft.**

LIEBE DICH - UND DU WIRST GELIEBT - OHNE APRILSCHERZ!

www.goldfeder.ch

Ein weiteres Buch aus dem Goldfeder Verlag

«Tausche Mann gegen Frau»
von Nadja Reutemann

Die Autorin thematisiert in ihrem humorvoll geschriebenen Buch ihr Coming-out als Lesbe. Das Buch spricht alle an, ist aber auch ein heiterer Ratgeber für Menschen, die ihr eigentliches Wesen, ihre eigentliche Seele nicht leben können oder dürfen, da sie aufgrund ihrer individuellen Natur nicht gesellschaftskonform sind. Gerade solche Menschenseelen sind sehr oft von Depressionen, Schlaflosigkeit und Burnout betroffen - für sie ist das Buch ein vergnüglicher Begleiter auf der Suche nach neuer Lebenslust.

> Buch: ISBN 978-3-905882-21-6
> E-Book: ISBN 978-3-905882-22-3